Sunnie J. Groeneveld · Christoph Küffer

Inspired at Work

66 Ideen für mehr Engagement und Innovation im Unternehmen

Zweite, überarbeitete Auflage
mit Illustrationen von
Gapingvoid Culture Design Group

Versus · Zürich

Bibliografische Information der Deutschen Nationalbibliothek

Die Deutsche Nationalbibliothek verzeichnet diese Publikation in der Deutschen Nationalbibliografie; detaillierte bibliografische Daten sind im Internet über http://dnb.dnb.de abrufbar.

Das Werk einschliesslich aller seiner Teile ist urheberrechtlich geschützt. Jede Verwertung ist ohne Zustimmung des Verlags unzulässig. Dies gilt insbesondere für Vervielfältigungen, Übersetzungen, Mikroverfilmungen und die Einspeicherung und Verarbeitung in elektronischen Systemen.

© 2022 Versus Verlag AG, Zürich

Weitere Informationen zu Büchern aus dem Versus Verlag unter www.versus.ch

Illustrationen: Gapingvoid Culture Design Group
Satz und Herstellung: Versus Verlag · Zürich
Druck: CPI books GmbH
Printed in Germany

ISBN 978-3-03909-318-2 (Print) · ISBN 978-3-03909-818-7 (E-Book)

Inhalt

Vorwort — 6

Starthilfe — 8

Teamgeist: verbindend und tragend

Feel-Good-Manager — 10
Lunch-Lotterie — 12
    Praxisbericht Holcim: Der Zufalls-Lunch mit Kollegen — 14
Online-Teamevents — 16
Werteübereinstimmung versus Fachwissen — 18
Jeder Schritt zählt — 20
    Praxisbericht Swiss Re: Wenn das ganze Unternehmen den Mount Everest besteigt — 22
260 Fragen — 24
Zum Jubiläum ein Video — 26
Der interne Bewerber hat Vorrang — 28
Adventsfenster selbst gemacht — 30
Mitarbeitende als Testkunden — 32
Erinnerungen tragen das Leben — 34
Teamevent-Challenge — 36
    Praxisbericht Jung von Matt: High Performance, High Excitement — 38
Kunst im Büro — 40
Remote Coffee Calls — 42
Leidenschaft Qualität — 44
Fitness-Challenge — 46
    Praxisbericht Labster: Im virtuellen Team hundert Liegestütze nach sechs Wochen — 48

Leadership: inspirierend und integrierend

CEO-Update — 50
Das Team wählt den Chef — 52
Wenn der Chef zum Barista wird — 54
    Praxisbericht Evernote: Wenn der CEO jede Woche im Firmencafé jobbt — 56

Die Seite wechseln	58
Feedbackspaziergang	60
Mehr Demokratie im Unternehmen	62
Lohntransparenz	64
Praxisbericht Ergon Informatik: Wenn jeder weiss, was der andere verdient	66
Feedback mal anders	68
Life-Balance-Bonus	70
Sparringspartner in beruflichen Fragen	72
Einheitsgehalt	74
Die eigene Aufgabe selbst bestimmen	76
Wenn sich der Chef bei Kandidaten bewirbt	78
Praxisbericht VBZ: Wenn der Arbeitsalltag zur Erfolgsgeschichte wird	80

Kommunikation: ehrlich und authentisch

Jeder ein Kolumnist	82
Geschäftsleitungsprotokolle für alle	84
Der Firma ein Gesicht schenken	86
Erfolgsgeschichten teilen	88
Praxisbericht PostFinance VNTR: Aus Fehlern lernen und Erfolgsgeschichten schreiben	90
Sharing is Caring	92
Ein authentischer Firmenauftritt	94
Start-Stop-Continue	96

Sinnhaftigkeit: bedeutungsvoll und fassbar

Das Firmenmotto im Grossformat	98
Praxisbericht Gapingvoid: Die Unternehmenskultur skalieren	100
Den Kunden überraschen	102
Im gleichen Takt	104
Visionboard	106
Gemeinsam Gutes tun	108
Kundenreaktionen publik machen	110
Kultur in Bild und Schrift	112
Praxisbericht Zappos: Ein Manifest der Unternehmenskultur	114
Unternehmertum dank mehr Transparenz	116

Kenne deinen Kunden	118
Wisdom of the Crowd	120
Praxisbericht Mobility: Miteinander lernen dank Führungszirkeln	122

Individuelles Wachsen: lustvoll und bedachtsam

TED-Lunch-Salon	124
20 % pure Leidenschaft	126
Zuhören und nicht werten	128
«Lead by Example»-Award	130
Der digitale Karriereberater	132
Praxisbericht Zurich: Wenn Mitarbeitende dank der Digitalisierung sich gezielter entwickeln können	134
Post für sich selbst	136
Nachhaltig wachsen	138
Walk the Talk	140
Positive Psychologie	142
Haupt- mit Nebenjob	144
Vom Kunden lernen	146
Praxisbericht Jimdo: Eine gelebte kundenzentrierte Unternehmenskultur	148

Soziale Verantwortung: von Herzen und nachhaltig

Vaterschaftsurlaub	150
Jeder hat etwas zu bieten	152
Generation 50+	154
Wildbiene sucht Partner	156
Ein Eis für die Nachbarschaft	158
Nachhaltiger Energiehaushalt	160
Praxisbericht EKZ: Den Energiehaushalt nachhaltig gestalten	162
Horizontal und vertikal naturverbunden	164
Kombinierte Mobilität	166
Die zweite Chance	168
Praxisbericht Schindler: Mit der Jugend gemeinsam hoch hinaus	170

Schnellauswahl   172

Zu den Autoren   174

Vorwort

Als wir 2014 an diesem Buch zum ersten Mal schrieben, wollten wir der Wirtschaftswelt ein Rezeptbuch an die Hand geben, damit mehr Menschen «Inspired at Work» sein können. Unser Ziel: Manager, CEOs und HR-Fachkräfte sollten in diesem Buch neue Ideen finden, um ihre Unternehmenskultur zu transformieren hin zu mehr Engagement und Innovation. In sechs Kapiteln – Teamgeist, Leadership, Kommunikation, Sinnhaftigkeit, Individuelles Wachsen und Soziale Verantwortung – haben wir Anregungen und Wegleitung zugleich geboten.

Acht ereignisvolle Jahre später haben wir mit derselben Motivation wie damals beschlossen, das Buch für eine neue Auflage zu überarbeiten. Ereignisvoll, weil wir nicht nur in unserem Berufsleben die eine oder andere Entwicklung erlebten – von mehreren Firmengründungen über eine Startup-TV-Show hin zum Aufbau der grössten nationalen Standortinitiative zur digitalen Transformation und der Ausübung mehrerer Verwaltungsratsmandate –, sondern auch weil wir pandemiebedingt in den letzten zwei Jahren einen grösseren globalen Wandel in der Arbeitswelt erlebt haben als in den vergangenen zwei Jahrzehnten.

Wir glauben, dass die Wirtschaftswelt auch zukünftig fortwährenden Veränderungen ausgesetzt sein wird, sei es bedingt durch eine Pandemie, geopolitische Entwicklungen, den Klimawandel oder neue Technologien. Die Businesswelt wird sich also weiterhin transformieren müssen. Dafür wird es mehr Innovation, Engagement und Einsatz von jedem von uns brauchen. Deshalb ist eine starke Unternehmenskultur für den Firmenerfolg auch zentraler denn je. Sie bietet nicht nur Halt in Krisenzeiten, sie ist auch der Nährboden für Wachstum.

Mit dieser Überzeugung haben wir jede Seite des Buches «Inspired at Work» auf den Prüfstand gestellt und uns dabei gefragt, ob die Rezepte und Praxisberichte noch zeitgemäss sind. Fazit: Ein Grossteil ist (zum Glück!) gut gealtert, teilweise fielen uns aber auch neue Ideen ein und so haben wir etwa zwanzig Prozent der Rezepte sowie fast die Hälfte aller Praxisberichte ersetzt. Letztere sind besonders wertvoll, denn sie sind der Beweis, dass unsere Rezepte für eine stärkere Unternehmenskultur in der Praxis erfolgreich in Firmen angewendet werden.

Doch nicht nur den Inhalt haben wir aktualisiert, auch das Design ist neu. Hierfür haben wir uns mit der international renommierten Culture-Design-Firma Gapingvoid aus Miami zusammengetan. Sie teilen unsere Mission für eine inspiriertere Arbeitswelt, haben über fünftausend Organisationen in Unternehmenskulturfragen beraten (mehr dazu auf S. 100 f.) und haben jedes unserer 66 Rezepte neu illustriert.

Wir hoffen, dass Sie, liebe Leserin und lieber Leser, in dieser überarbeiteten Zweitauflage Ideen finden, damit Sie selbst, Ihr Team oder vielleicht Ihre ganze Organisation mehr «Inspired at Work» sein können und so nicht nur bessere Arbeitsergebnisse erzielen, sondern sich auch in Zeiten des Wandels auf eine starke Unternehmenskultur verlassen können. Falls Sie ein Rezept ausprobieren oder zusätzliche Ideen oder Praxisberichte mit uns teilen möchten, schreiben Sie uns (hello@inspiredatwork.ch). Wir freuen uns, von Ihnen zu hören, und wünschen nun eine inspirierte Lektüre!

Sunnie J. Groeneveld und Christoph Küffer im Januar 2022

Aus Gründen der besseren Lesbarkeit wurde jeweils nur die weibliche, nur die männliche oder eine geschlechtsneutrale Personenbezeichnung verwendet. Wir weisen an dieser Stelle ausdrücklich darauf hin, dass alle Geschlechter für die entsprechenden Beiträge gemeint sind.

Starthilfe

Wollen Sie aktiv zu einem positiveren Arbeitsumfeld in Ihrem Unternehmen beitragen? Lassen Sie nach dem Lesen dieses Buches den Worten Taten folgen und setzen Sie die ersten Rezepte in Ihrer Organisation um. Die Planungsübersicht auf der folgenden Seite leistet Starthilfe.

Bevor Sie loslegen noch ein letzter Ratschlag: Studieren Sie das ausgewählte Rezept und klären Sie ab, ob und wie Sie die Zutaten und Zubereitung den firmenspezifischen Gegebenheiten anpassen wollen.

Überlegen Sie auch, welche Entscheidungsträger Sie in der Akzeptanzschaffung und Umsetzung massgeblich unterstützen würden. Beziehen Sie diese Personen frühzeitig ein und gewinnen Sie diese für Ihre Idee. Manchmal genügt das Argument eines Pilotversuchs und Sie können in einem Bereich oder für eine beschränkte Zeit das Rezept ausprobieren.

Bei der Umsetzung aller Ideen sollten Sie immer abklären, ob geschlechtsspezifische, altersbedingte, ethische, rechtliche oder einkommenssteuerliche Aspekte berücksichtigt werden müssen. Der Kontakt mit der Personalabteilung ist in jedem Fall empfehlenswert.

Wir wünschen Ihnen gutes Gelingen und viel Erfolg!

Checkliste für mehr Engagement im Unternehmen	
In welcher Organisationseinheit möchten Sie das Engagement verbessern?	☐ In meinem Team ☐ In der Abteilung .... ☐ Im gesamten Unternehmen ☐ andere: ....
Wie können Sie das Engagement der betroffenen Personen am ehesten positiv beeinflussen?	Durch die Verbesserung von: ☐ Teamgeist (ab Seite 10) ☐ Leadership (ab Seite 50) ☐ Kommunikation (ab Seite 82) ☐ Sinnhaftigkeit (ab Seite 98) ☐ Individuellem Wachsen (ab Seite 124) ☐ Sozialer Verantwortung (ab Seite 150)
Wählen Sie eine geeignete Idee aus.	Titel: .... Seite: ....
Welche Entscheidungsträger könnten die Idee mittragen? Von wem benötigen Sie eine Bewilligung/Zusage?	....
Wie hoch muss das Budget sein?	CHF ....
Sind bei der Zubereitung Anpassungen nötig?	

Feel-Good-Manager

Wieso nicht jemanden anstellen, der hauptsächlich dafür verantwortlich ist, ein positives Betriebsklima zu schaffen und die Unternehmenskultur zu pflegen? Ein Feel-Good-Manager organisiert zum Beispiel Teamevents, setzt gesundheitsfördernde Massnahmen um oder überrascht Mitarbeitende mit Aktionen, die das Einerlei des Arbeitsalltags durchbrechen. Zudem begleitet er neue Mitarbeitende in den ersten Tagen und Wochen und agiert als Anlaufstelle für Ideen oder bei Problemen im Unternehmen.

Ziel

Positives Betriebsklima fördern; Unternehmenskultur stärken

Zutaten

- Bereitschaft aller Mitarbeitenden, in das Betriebsklima zu investieren
- Stellenprozente und -budget
- Motivierter Feel-Good-Manager
- Geeignete Massnahmen und Aktionen

Zubereitung

1. Diskutieren Sie in Ihrem Unternehmen Sinn und Zweck einer solchen Investition.

2. Bestimmen Sie die zentralen Tätigkeitsfelder und Verantwortlichkeiten des Feel-Good-Managers.

3. Rekrutieren Sie den idealen Kandidaten.

4. Definieren Sie gemeinsam, wie der Feel-Good-Manager Ideen aufnimmt resp. wie ihm Ideen oder Probleme mitgeteilt werden sollen.

5. Infomieren Sie alle Mitarbeitenden.

Tipp

- Je flacher die Hierarchien, desto besser eignet sich ein Feel-Good-Manager.

- Mitarbeitende aus den eigenen Reihen kennen die Firmenkultur und eignen sich daher sehr gut für die Position des Feel-Good-Managers, vor allem in der Startphase.

Lunch-Lotterie

Sie sehen sich ab und zu im Gang oder beim virtuellen firmenweiten Quartalsupdate, haben aber trotzdem noch nie miteinander geredet? Bei der Lunch-Lotterie geht es darum, dass Sie sich von bestehenden Arbeitsprozessen, Karriereüberlegungen und dem klassischen Netzwerken lösen und es dem Zufall überlassen, mit wem Sie sich während des Mittagessens austauschen. Aus diesen Zufallsbegegnungen können wertvolle Beziehungen entstehen, Sie lernen Neues voneinander und sind sich zunehmend der verschiedenen Arbeitsbereiche und Karriereoptionen im Unternehmen bewusst.

Ziel

Peer-to-Peer Learning; Förderung von abteilungsübergreifenden Beziehungen und Wissenstransfer; Stärkung der Kollaboration; besser vernetzte Mitarbeitende haben innovativere Ideen

Zutaten

- Namens- und E-Mail-Liste aller Mitarbeitenden
- Excel-Tabelle
- IT-affine Person

Zubereitung

1. Informieren Sie die Belegschaft über die Lunch-Lotterie und laden Sie alle ein, daran teilzunehmen.

2. Motivieren Sie eine IT-affine Person, auf Excel einen Zufallsmechanismus zu definieren (Zuteilung zweier Personen nach Zufall).

3. Senden Sie um 9 Uhr des Lunch-Lotterie-Tages eine E-Mail an alle Mitarbeitenden inklusive einem direkten Link zur Excel-Tabelle. Nun vereinbart jedes Lunch-Paar eine Zeit und den Treffpunkt.

4. Jedes Lunch-Paar kann selbst bestimmen, ob der Austausch virtuell oder physisch vor Ort stattfindet.

Tipp

- Wichtig ist, dass Mitarbeitende aus allen Hierarchiestufen mitmachen.

- Führen Sie die Lunch-Lotterie regelmässig durch, beispielsweise am ersten Montag im Monat.

- Prüfen Sie das Lunch-Lotterie-Tool unter www.lunch-lottery.com. Es eignet sich insbesondere für grössere Firmen (100+ Mitarbeitende), die eine Lunch-Lotterie automatisiert durchführen möchten.

Holcim: Der Zufalls-Lunch mit Kollegen

Als weltweit führender Anbieter innovativer und nachhaltiger Baulösungen setzt sich Holcim für eine klimaneutrale und solidarische Zukunft ein.

Wie kam es zur Einführung der Lunch-Lotterie bei Holcim?
Die Einführung der Lunch-Lotterie kam bei der Zusammenführung der Konzerne Lafarge und Holcim zustande. Dabei sind viele Abteilungen gemischt worden. So mussten plötzlich viele Mitarbeitende zusammenarbeiten, die sich zuvor nicht gekannt haben. Unser Ziel war es, möglichst schnell eine gute Zusammenarbeit aller Mitarbeitenden beider Organisationen zu erreichen. Dafür erschien uns ein gegenseitiges Kennenlernen auf informellem Weg als geeignet. Eine unserer externen Mitarbeiterinnen hat uns daraufhin die Lunch-Lotterie empfohlen.

Wie genau sind Sie vorgegangen?
Zu Beginn waren wir circa 650 Personen. Alle wurden in einen Matching-Pool als «registriert» aufgenommen, allerdings mit der Option sich wieder abzumelden – entweder für das jeweils nächste Lunch-Treffen oder allgemein. Dann gab es Matchings zwischen jeweils zwei Personen für einen gemeinsamen Lunch. Selbstverständlich wurden die Mitarbeitenden im Vorfeld der Einführung der Lunch-Lotterie ausführlich darüber informiert und auch zum Mitmachen angeregt. Kanäle waren dabei unser interner Newsletter, E-Mails, Pausen- und Personalgespräche.

Wie war die Resonanz?
In den Wochen vor der Einführung der Lunch-Lotterie haben wir sehr gute Rückmeldungen von unseren Mitarbeitenden erhalten. Sie signalisierten Bereitschaft teilzunehmen und das haben dann auch 73 Prozent der Belegschaft getan.

Was sind rückblickend die wichtigsten Erfolgsfaktoren bei der Einführung gewesen?
Eine gute und vor allem persönliche Kommunikation im Vorfeld der Einführung. Geholfen hat sicher auch das Mittragen dieses Projektes durch das Topmanagement und allgemein die Durchmischung über Hierarchien, Funktionsgrenzen und Standorte hinweg. Das hat die Teilnahme für viele Mitarbeitenden sicher spannender gemacht.

Wie haben Sie die Lunch-Lotterie bisher persönlich erlebt?
Wir sind jetzt vier oder fünf Jahre mit der Lunch-Lotterie unterwegs. Die Organisation hat sich geändert: In den vergangenen drei Jahren hatten wir nochmal

zwei grosse Restrukturierungsprogramme, bei denen wir Personal abgebaut haben. Aktuell sind noch circa 430 Personen in der Lunch-Lotterie. Die Teilnahme von anfangs 73 Prozent ist ein wenig zurückgegangen, aber insgesamt stabil geblieben. Durch die Lunch-Lotterie sind kurze Wege in der Kommunikation sowie Projekte, Arbeitsgruppen und einige spannende Ideen entstanden, die teilweise auch umgesetzt werden konnten.

Was waren Ihre Beweggründe, die Lunch-Lotterie zu unterstützen?

Die Lunch-Lotterie schafft niederschwellig und einfach informelle Kontakte und lässt sich funktions-, hierarchie- und standortübergreifend einsetzen. Sie fördert das Miteinander und Mitarbeiterengagement, schafft Ideenpools und Innovationen. Zudem ist sie ein Instrument, das trotz des deutlichen Mehrwertes wirklich nicht viel kostet. Um ähnliche Effekte über andere Wege wie beispielsweise moderierte Workshops zu erreichen, wäre deutlich mehr finanzieller und organisatorischer Einsatz gefragt.

Wie werden Sie das Projekt in Zukunft weiterverfolgen?

Wir werden die Lunch-Lotterie hybrid (physische und/oder virtuelle Lunchs) positionieren. Es ist davon auszugehen, dass die Anzahl an Geschäftsreisen zurückgehen und der Nutzen von Homeoffice oder mobilem Arbeiten zunehmen wird.

Was würden Sie anderen für die Einführung der Lunch-Lotterie mitgeben?

Lunch-Lotterie ist es in jedem Fall wert, ausprobiert zu werden. Am besten zunächst als drei- bis viermonatiges Pilotprojekt mit einführender Kommunikation – und das nicht bloss schriftlich, sondern mündlich, über persönliche Kontakte.

Manuel Portmann, Head of HR and Services, Konzernstandorte Schweiz

Online-Teamevents

Immer mehr Teams bestehen aus Mitgliedern, die geographisch auf weit auseinanderliegende Standorte verteilt sind. Das macht die Organisation von gemeinsamen Teamevents auf den ersten Blick schwierig und kostspielig. Und trotzdem ist vielen von uns bewusst, dass gemeinsame Anlässe und Erlebnisse für den Teamgeist und den Zusammenhalt entscheidend sind. Lassen Sie sich also von geographischen Einschränkungen nicht abhalten und stellen Sie einen Online-Teamevent auf die Beine!

Ziel

Zusammengehörigkeitsgefühl stärken, Wir-Gefühl fördern

Zutaten

- Online-Kommunikationstool
- Abwechslungsreiche Agenda
- Online-Spiele
- Überraschungspaket mit Vorbereitungsaufgaben, Verpflegung und Motto

Zubereitung

1. Laden Sie das Team zu einem halb- oder ganztägigen, virtuellen Event ein.

2. Gestalten Sie ein abwechslungsreiches Programm und binden Sie mehrere Leute in die Organisation und Moderation ein.

3. Schicken Sie den Teilnehmenden im Vorfeld per Post ein Überraschungspaket mit Verpflegung, weiteren Informationen zum Anlass, einem Notizbuch sowie dem Motto des Anlasses auf einer Kaffeetasse, Mütze oder T-Shirt.

Tipp

- Planen Sie unbedingt alle 45 Minuten eine Pause ein.

- Organisieren Sie ein Spiel: Montagsmaler, virtuelle Schatzsuchen, Detektivspiele oder Online-Escape-Rooms eignen sich sehr gut. Prüfen Sie das Angebot professioneller Anbieter wie www.theescape.ch.

Bewertung
Planung ooo
Umsetzung ooooo
Kosten oooo

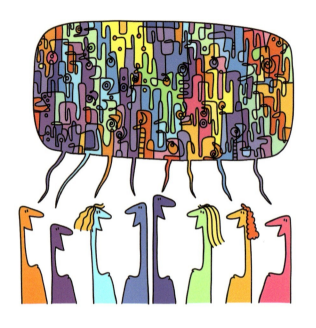

Werteübereinstimmung versus Fachwissen

Unterschätzen Sie in der Rekrutierung den «Kultur-Fit» nicht. Denn Fachwissen ändert sich einerseits in der heutigen Zeit sehr schnell und ist andererseits gut verfügbar. Überlegen Sie sich daher, welche Selektionskriterien für Sie ausschlaggebend sind: das fachliche Wissen des Kandidaten oder auch die persönlichen Kompetenzen und deren Übereinstimmung mit der Unternehmenskultur? Wer im Selektionsprozess vermehrt auf die persönlichen Werte und Motive achtet, erspart seinem Unternehmen Fehlbesetzungen, Ärger und die damit einhergehenden Fluktuationskosten.

Ziel

Nachhaltige Rekrutierung; Mitarbeitende, die über ihre Fachkenntnisse hinaus zum Unternehmen passen; ehrliche und offene Kommunikation

Zutaten

- Klarheit über die Unternehmenswerte
- Ehrlichkeit und Offenheit im Rekrutierungsprozess
- 5–7 erfolgsrelevante Muss-Kriterien
- Interviewprozesse und -instrumente, welche vor allem den «Kultur-Fit» und die Werteübereinstimmung prüfen
- Offene Stellen

Zubereitung

1. Konsultieren Sie das Leitbild Ihrer Firma und werden Sie sich der Unternehmenswerte bewusst.

2. Legen Sie darauf basierend die ausschlaggebenden Persönlichkeitsmerkmale bei Mitarbeitenden fest.

3. Bestimmen Sie – allenfalls mit externer Hilfe – den Selektionsprozess mit den dazu notwendigen Instrumenten.

4. Schulen Sie Führungskräfte in einem ausgewählten Bereich und testen Sie mit diesen das neue Auswahlverfahren.

5. Überprüfen Sie regelmässig den Erfolg des neuen Verfahrens.

Tipp

- Achten Sie darauf, dass Inklusivität und Diversität im Unternehmen erhalten bleiben.

- Menschen werden wegen fachlicher Kompetenzen engagiert und oft wegen der fehlenden Werteübereinstimmung wieder entlassen.

Bewertung
Planung ○○○○○
Umsetzung ○○○○
Kosten ○

Jeder Schritt zählt

Sitzen Sie täglich stundenlang an Ihrem Bürotisch? Beschränkt sich Ihr Bewegungsradius im Homeoffice auf die wenigen Schritte zwischen Küche, Bad und Arbeitszimmer? Vitalität ist wichtig für geistige Höchstleistungen. Bringen Sie mehr Schwung in Ihr Unternehmen und rüsten Sie jeden Mitarbeitenden mit einem Schrittzähler aus. Ihre Mitarbeitenden entwickeln spielerisch ein Bewusstsein für den eigenen Körper und erreichen gemeinsam ein sportliches Ziel.

Ziel

Mehr Bewegung und Vitalität; ein gemeinsames Thema, das verbindet und den Austausch untereinander stärkt

Zutaten

- Teams oder Einzelkämpfer
- Schrittzähler
- Web-Applikation mit individuellen Logins, um die Anzahl Schritte auszuwerten
- Infoplakate und Wegweiser
- Preise für Teams und Einzelkämpfer

Zubereitung

1. Bilden Sie ein Projektteam.

2. Evaluieren Sie verschiedene Anbieter von Schrittzählern. Achten Sie dabei auch auf Zusatzleistungen wie Apps oder Weblösungen mit einfachem Login.

3. Bestimmen Sie ein motivierendes Ziel (Anzahl Schritte, die zu bewältigen sind): vom Hauptsitz in alle Niederlassungen oder zur Besteigung eines Berges. Inspiration für mögliche Distanzen finden Sie unter www.theconqueror.events.

4. Informieren Sie die Mitarbeitenden und motivieren Sie diese, Teams zu bilden.

Tipp

- Legen Sie unbedingt Zwischenziele fest.
- Das Ziel sollte innerhalb von vier bis sechs Wochen erreicht werden.
- Erstellen Sie eine firmeneigene Medaille für alle «Finisher» wie bei den Volksläufen.
- Gründen Sie nach Ablauf der Aktion einen Firmen-Lauftreff oder setzen Sie sich neue Ziele.
- Prüfen Sie das Angebot auf wellness.myvirtualmission.com/group-challenges.

Bewertung
Planung ooo
Umsetzung oooo
Kosten oooo

Swiss Re: Wenn das ganze Unternehmen den Mount Everest besteigt

Die Swiss-Re-Gruppe ist ein führender Anbieter von Rückversicherungen, Versicherungen und anderen versicherungsbasierten Formen des Risikotransfers. Das Unternehmen beschäftigt weltweit über elftausend Mitarbeitende in mehr als sechzig Standorten.

Wie kam es zur «Mount Everbest»-Challenge?
Wir suchten im Vorfeld unseres 150-Jahre-Jubiläums nach Ideen für Aktivitäten, an denen sich alle Mitarbeitenden weltweit beteiligen konnten. Jemand aus dem Projektteam schlug vor, dass wir gemeinsam den Mount Everest symbolisch und virtuell erklimmen könnten. Wir nannten es die «Mount Everbest»-Challenge und arbeiteten bei der Umsetzung mit der Schweizer Firma «Fit im Job» zusammen.

Was war das Ziel dieser Initiative?
Unser Hauptziel war, den Teamgeist global zu fördern, gemeinsam Spass zu haben und über Abteilungen und geografische Grenzen hinaus unsere Mitarbeitenden näher zusammenzubringen und letzlich so auch die Zusammenarbeit zu begünstigen.

Wie gestalteten Sie ganz konkret die Challenge?
Die Challenge bestand aus zweihundertachtzigtausend Schritten, dauerte vierzig Tage und konnte einzeln oder in Teams von fünfzehn Mitgliedern absolviert werden. Dabei ermutigten wir unsere Belegschaft, möglichst Teams mit Mitarbeitenden aus anderen geografischen Regionen und Abteilungen zu bilden. Vor dem Kick-off stellten wir allen Teilnehmenden ein Fitbit-Armband zu. Dann ging es los und jeder Schritt wurde gezählt. Jeweils am Morgen erhielten alle eine E-Mail mit der Aufforderung, die Anzahl Schritte des vorherigen Tages manuell auf der Everbest-Plattform einzutragen.

Wieso musste man die Schritte manuell eintragen?
Das Fitbit-Gerät zählt nicht nur die Schritte, es kann auch den Schlafverlauf verfolgen. Wir wollten keinen Zugriff auf die Fitnessdaten unserer Mitarbeitenden haben und entschieden uns deshalb, dass jeder seine Schritte manuell auf einer externen Plattform einträgt.

Wie wurden die Gewinner der Challenge erkoren?
Der Weg zum virtuellen Gipfel des «Mount Everbest» war in vier Abschnitte gegliedert, nämlich Basecamp 1, 2, 3 sowie der Gipfel. Es wurde eine individuelle Rangliste wie auch eine Teamrangliste geführt, welche jederzeit über das Intranet

zugänglich war. Wir veranstalteten diverse Preisverleihungen. Die ersten Preise gingen an jene sieben Mitarbeitenden, die den Gipfel in nur sieben Tagen erreichten – eine unglaubliche Leistung, wofür sich einer der Gewinner sogar extra einen Ferientag genommen hatte, um Wandern zu gehen. Die Teamrangliste wurde automatisch generiert, indem für jedes Team der Durchschnitt der drei höchsten Werte des Tages berechnet wurde. Teampreise wurden per Los an diejenigen vergeben, die in einer vorgegebenen Zeit als Team die jeweiligen Abschnitte erreichten.

Was konnte man gewinnen?
Es wurden diverse Lunches veranstaltet, an denen jeweils ein Mitglied der Geschäftsleitung die Preise übergab. Bei den Preisen handelte es sich meist um Einkaufsgutscheine. Es ging aber nicht so sehr um die Preise, diese waren zweitrangig, sondern vielmehr um die Würdigung des Engagements der Mitarbeitenden.

Wie wirkte sich die «Mount Everbest»-Challenge auf den Arbeitsalltag bei Swiss Re aus?
Während des Challenge-Zeitraums merkte man förmlich, wie auf einmal Lifte gemieden und stattdessen die Treppenhäuser benutzt wurden. In jeder Kaffee-Ecke, egal ob in Zürich oder Hongkong, war der Fitbit Gesprächsthema Nummer eins. Überall gab es Wegweiser, die auf die Anzahl Schritte von einem Ort zum anderen hinwiesen. Bei Meetings hörte man unter Kollegen oft die Frage: «Und, wie viele Schritte hast du heute schon geschafft?» Das Thema diente auch als Eisbrecher und förderte ganz klar den informellen Dialog.

Welches waren rückblickend die wichtigsten Erfolgsfaktoren?
Es gab zwei Faktoren, die ich besonders hervorheben würde. Einerseits möchte ich die Freiwilligkeit betonen. Es war jedem selbst überlassen, ob er oder sie mitmachen wollte oder nicht – und das wurde geschätzt. Andererseits war entscheidend, dass eine klare Mehrheit des Senior Managements selber teilnahm und mit gutem Beispiel voranging.

Was ist geblieben?
Die Mitarbeitenden sprechen auch heute noch über die Initiative. Walking Groups sind entstanden, die sich zum regelmässigen Spazieren im Freien treffen; auch haben sich die Warteschlangen vor den Personenliften verkleinert. Grundsätzlich kann man sagen, dass leichter Kontakte geknüpft werden und sich der informelle Dialog nachhaltig verbessert hat.

Myrta Barell, Vice President Swiss Re

Praxisbericht «Jeder Schritt zählt»

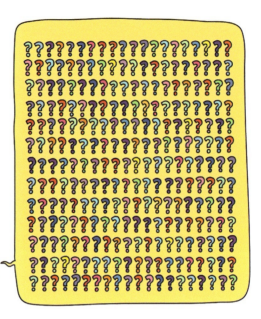

260 Fragen

Wie gut kennen Sie Ihre Teamkollegen? Wissen Sie, was Ihre Arbeitskollegen so richtig glücklich macht? Wer welche Lieblingsfarbe hat? Welche Sportarten sie am liebsten ausüben? Bei «260 Fragen» geht es darum, dass sich ein Team während eines Jahres besser kennenlernt. Beantworten Sie die «Frage des Tages» und erfahren Sie täglich etwas Neues über Ihre Teamkollegen.

Ziel

Informelle Kommunikation und gegenseitigen Austausch fördern; Teamgeist stärken

Zutaten

- Offenheit
- Fragenkatalog mit 260 Fragen
- Physisches oder virtuelles Whiteboard
- Verantwortliche Person

Zubereitung

1. Kreieren Sie einen ständig erweiterbaren Fragenkatalog, zu dem alle Mitarbeitenden Zugang haben und Fragen vorschlagen können.

2. Physische Variante: Platzieren Sie ein grosses Whiteboard in der Kaffee-Ecke Ihres Unternehmens inkl. farbige Stifte.

3. Virtuelle Variante: Erstellen Sie ein für alle zugängliches digitales Whiteboard und bewerben Sie es täglich auf Ihrem internen Kommunikationskanal.

4. Präsentieren Sie jeden Tag von Neuem eine spannende Frage.

5. Ernennen Sie ein Teammitglied, das für die Betreuung der Initiative verantwortlich ist.

Tipp

- Schreiben Sie in den ersten Tagen jeweils morgens zwei bis drei Antworten auf, um anderen die Teilnahme zu erleichtern.

- Die Antworten können Sie aufbewahren und später im Mitarbeitermagazin publizieren.

- Fragen Sie in einem Malergeschäft nach einem Anstrichmittel, das jede Wand in ein Whiteboard verwandelt.

- Prüfen Sie www.miro.com, um ein virtuelles Whiteboard zu erstellen.

Zum Jubiläum ein Video

Kreieren Sie für Ihr nächstes Firmenjubiläum mit Ihren Mitarbeitenden einen unterhaltsamen Kurzfilm über Ihre Firmengeschichte. Mit wenigen Vorgaben und vielen Freiheiten fangen Sie spannende und inspirierende Momente ein, die später am Jubiläumsanlass, am Messestand oder auf der Website viel Freude und Stolz hervorrufen werden.

Ziel

Zusammenarbeit stärken; Kreativität fördern; schöne Momente festhalten; sich der Firmengeschichte bewusst werden

Zutaten

- Videokamera
- Storyboard
- Videoschnittprogramm
- Talentierte Akteure oder Interviewpartner
- Motivierte Film-Crew

Zubereitung

1. Schreiben Sie das Projekt intern aus.

2. Sellen Sie ein abteilungsübergreifendes Team zusammen.

3. Geben Sie die Rahmenbedingungen bekannt (Videolänge, Termin, Kosten).

4. Das Team erstellt ein Script und rekrutiert Haupt- sowie Nebendarsteller. Lassen Sie sich durch Videos anderer Firmen inspirieren (z. B. «10 Jahre digitec: Jubiläumsfilm»).

5. Film ab! Beginnen Sie mit den Dreharbeiten.

6. Schneiden und vertonen Sie das Video.

7. Feiern Sie die Premiere des Videos am Jubiläumsanlass.

Tipp

- Arbeiten Sie mit einer professionellen Videoproduktionsfirma zusammen.

- Allenfalls können Sie den Kurzfilm auch für Marketingzwecke auf Ihren Social-Media-Kanälen verwenden.

Zuerst in den eigenen Reihen schauen.

Der interne Bewerber hat Vorrang

Jede Firma hat ihre eigene DNA. Ihre langjährigen Mitarbeitenden kennen die Kundschaft, die Abläufe oder Dienstwege wie die eigene Westentasche. Nutzen Sie dieses Potenzial. Schreiben Sie offene Stellen zuerst immer intern aus und ziehen Sie Bewerbungen aus den eigenen Reihen vor, auch wenn diese nur zu siebzig Prozent dem Idealprofil entsprechen.

Ziel

Erfolgreiche Stellenbesetzungen; treue und motivierte Mitarbeitende dank vielfältigen Job- und Aufstiegsmöglichkeiten

Zutaten

- Interne Stellenbörse
- Geeignete Kandidaten
- Offene Stellen

Zubereitung

1. Informieren Sie die Personalabteilung sowie die Rekrutierungsverantwortlichen über diese neue Regelung.

2. Überzeugen Sie die Beteiligten mit stichhaltigen Argumenten wie etwa die Kosten vergangener Fehlbesetzungen oder von schnellen und erfolgreichen Besetzungen durch interne Kandidaten.

3. Informieren Sie die Belegschaft über diese Regelung und motivieren Sie sie dazu, sich auf passende Stellen zu melden.

Tipp

- Vorgesetzte müssen Freude und Bereitschaft zeigen, in Mitarbeitende zu investieren, auch wenn diese zu einem späteren Zeitpunkt die Abteilung wechseln.

- Überprüfen Sie stichprobenweise, inwiefern diese Regelung auch tatsächlich im Unternehmen gelebt wird.

Adventsfenster selbst gemacht

Seit hunderten von Jahren bringt die Weihnachtszeit Menschen näher zusammen. Nehmen auch Sie die Festtagszeit zum Anlass, sich als Unternehmen festlich herauszuputzen und den Teamgeist zu pflegen. Gestalten Sie in Teams je ein Adventsfenster im Bürogebäude ganz nach eigenem Gusto. So verbreitet sich Tag für Tag weihnachtliche Vorfreude, und Besucher sowie Mitarbeitende können sich jeden Tag aufs Neue an originellen und besinnlichen Weihnachtsdekorationen erfreuen.

Ziel

Kreatives Arbeiten; Teamgeist stärken; weihnachtliche Stimmung im Unternehmen verbreiten; Firmenfassade schmücken

Zutaten

- 24 grosse Fenster
- Lose
- Kreative Mitarbeitende
- Bastelmaterialien
- Lichtschaltuhr

Zubereitung

1. Bilden Sie 24 Teams (bestehende Abteilungen oder durch das Los bestimmt).

2. Identifizieren Sie 24 geeignete und von aussen gut sichtbare Fenster und legen Sie für jedes Fenster einen Adventstag fest (1. bis 24. Dezember).

3. Teilen Sie den Teams ein Fenster zu (dort, wo sie sitzen, oder wiederum durch das Los).

4. Informieren Sie die Teams über die Timeline und die vorhandenen Materialien.

5. Freuen Sie sich jeden Tag im Advent über ein neues Adventsfenster.

Tipp

- Enthüllen Sie das erste Fenster gemeinsam, allenfalls bei einem Glühwein-Apéro.

- Prämieren Sie das schönste Fenster an der firmeninternen Weihnachtsfeier.

- Feiern Sie ebenfalls die Feste anderer Kulturen und Religionen.

Bewertung
Planung o
Umsetzung ooo
Kosten oo

Mitarbeitende als Testkunden

Weiss jeder im Team, wie es sich anfühlt, Kunde bei Ihrer Firma zu sein? Gerade bei der Lancierung von neuen Produkten ergibt sich die Möglichkeit, Mitarbeitende zu Testkunden zu machen. So sammeln alle in der Firma Erfahrungen mit dem Neuprodukt. Ein schöner Nebeneffekt: Wenn die eigenen Mitarbeiter vom Produkt überzeugt sind, erzählen Sie es weiter und vermarkten so dieses gratis im persönlichen Bekanntenkreis. Wenn nicht, dann werden Sie noch engagierter an der Verbesserung und Weiterentwicklung arbeiten.

Ziel

Know-how und Kundenservice im Produktebereich stärken; Wissenstransfer erhöhen; stärkere Identifikation mit der Firma und deren Produkten

Zutaten

- Produktmuster und/oder Testpakete
- Liste, wer welches Produkt testet
- Testberichte

Zubereitung

1. Lassen Sie den Produktmanager das Produkt der Belegschaft vorstellen.

2. Geben Sie jedem Mitarbeiter die Möglichkeit, das neue Produkt zu testen.

3. Kreieren Sie einen Feedback-Prozess, um die Erfahrungen systematisch zu sammeln und Verbesserungsvorschläge entgegenzunehmen.

4. Stellen Sie sicher, dass die Feedbacks auch wirklich von der Produktionsabteilung berücksichtigt werden.

Tipp

- Überlegen Sie sich, ob auch Konkurrenzprodukte durch Ihre Mitarbeitenden getestet werden sollen.

- Jede Testperson erhält das Produkt nach der Testphase gratis.

Bewertung
Planung oo
Umsetzung oo
Kosten o

Erinnerungen tragen das Leben

Ist es Ihnen auch schon passiert, dass Sie für Ihr Firmenfest zwar eine talentierte Fotografin engagiert haben, die Bilder aber am Schluss trotzdem nur auf Ihrer Festplatte in einem Ordner vermodern? Ein Bild sagt mehr als tausend Worte. Präsentieren Sie die Fotos Ihrer Firmenanlässe auf einem Tablet oder einem digitalen Fotorahmen im Aufenthaltsraum. Falls Sie vorwiegend digital zusammenarbeiten, kreieren Sie auf Ihrem Intranet oder Ihren internen Kommunikationskanälen wöchentlich oder monatlich einen Kurzbeitrag mit einem Rückblick. So oder so: Für Ihre Kollegen wecken Sie mit den Bildern schöne Erinnerungen und stärken den Teamgeist im Unternehmen.

Ziel

Sich an schöne Momente erinnern; Stütze in stürmischen Zeiten; Unternehmenskultur bewahren

Zutaten

- Fotoapparat
- Fotograf oder fotoaffiner Mitarbeiter
- Bilder
- Tablet inklusive Wandhalterung
- Firmenanlässe

Zubereitung

1. Engagieren Sie einen Fotografen oder einen Mitarbeitenden mit einer Leidenschaft für Fotografie.

2. Stellen Sie sicher, dass an möglichst viele Anlässen fotografiert wird.

3. Erstellen Sie elektronische Fotoalben mit den jeweils besten Bildern.

4. Kaufen Sie ein Tablet und speichern Sie die ausgewählten Bilder darauf.

5. Legen Sie das elektronische Album auf den Tisch im Aufenthaltsraum oder befestigen Sie es an der Wand.

Tipp

- Auch Videos dürfen präsentiert werden.

- Zeigen Sie die besten Bilder oder Videoausschnitte an der nächsten Firmenparty.

Bewertung
Planung o
Umsetzung o
Kosten oo

Erinnerungen tragen das Leben

Teamevent-Challenge

Teamevents werden oft von einem kleinen Projektteam für das ganze Unternehmen orchestriert. Das kann dazu führen, dass Teamevents homogen wirken und über die Zeit an Attraktivität einbüssen. Eine Alternative dazu ist, eine Teamevent-Challenge daraus zu machen, indem man die Belegschaft so in Teams aufteilt, dass sie füreinander kurzfristig und spontan Events organisieren.

Ziel

Teamgeist stärken, Kreativität und Empathie fördern

Zutaten

- Klares, aber nicht allzu einschränkendes Briefing
- Angemessenes Budget
- Vertrauen in die Fähigkeiten der Mitarbeitenden
- Mut zum Unplanbaren

Zubereitung

1. Kommunizieren Sie das Datum mit viel Vorlauf an Ihre Belegschaft, ohne die Details der Teamevent-Challenge bekannt zu geben.

2. Teilen Sie am Tag der Teamevent-Challenge Ihre Mitarbeitenden in Teams ein. Maximal 10 Personen pro Team.

3. Informieren Sie die Teams erst 4–5 Stunden vor Beginn der Events.

4. Auftrag: In 4–5 Stunden einen Event für ein anderes Team organisieren. Das Zeitfenster für den Event wird angegeben. Der Event muss aus einer Aktivität sowie einer Verpflegung bestehen.

5. Geben Sie ein fixes Budget frei.

Tipps

- Da das organisierende Team am Event jeweils selbst nicht dabei ist: Eventprogramm klar und verständlich festhalten.

- Eine «Tätschmeisterin» bestimmen, die beim Team, für das man den Event organisiert, den richtigen Ablauf gewährleistet.

- Einen Schatzmeister bestimmen, der das Budget im Blick hat.

- Die Events bewerten lassen. Das erhöht den Druck, einen einmaligen, unvergesslichen Event zu organisieren.

Bewertung
Planung ooooo
Umsetzung ooo
Kosten ooooo

Jung von Matt: High Performance, High Excitement

Jung von Matt gilt als die kreativste Agenturgruppe der Schweiz und vereint 150 Mitarbeitende in einem Kreativ-Ökosystem.

«Unsere Teams sind selbstorganisiert und interdisziplinär zusammengesetzt. Sie arbeiten auf spezifischen Projekten in hohem Takt und oft mit viel Druck – sind also ‹high performing teams›», sagt Roman Hirsbrunner, CEO von Jung von Matt.

Unabdingbar für eine Organisation, die viel Raum für Eigenverantwortung lässt und gerade deshalb viel von ihren Mitarbeitenden verlangt: Eine starke Unternehmenskultur. «Wir haben unsere Kultur in sieben Leitsätzen festgehalten, die unser Arbeiten und unser Miteinander stark prägen. Dazu gehören unter anderem: ‹Wir lieben das Neue› oder ‹Wir denken in Lösungen›», so Hirsbrunner. Und weiter: «Unsere Kultur lebt vom Miteinander – einerseits vom bewusst-geplanten, aber oft auch von den spontanen Zusammentreffen, an denen neue Ideen entstehen.» Hirsbrunner nennt das «die normative Kraft des Praktischen».

Im Jahr 2020 verlagerte sich dieses «Praktische» – wie vielerorts – in den digitalen Raum. «Ein Stresstest für unsere Organisation und unsere Teams», resümiert Hirsbrunner. Die Agentur verlagerte in Folge viele der sinn- und gemeinschaftsstiftenden Rituale und Events in Online-Gefässe.

Doch nicht alles war für die Online-Durchführung geeignet. Der alljährlich im Sommer anstehende Check-up-Tag war und ist ein Fixpunkt im Agenturjahr. Es ist ein Event, an dem die gesamte Agentur zusammenkommt, das erste Halbjahr Revue passieren lässt und den Kompass für die kommenden Monate stellt. Am Nachmittag und Abend findet immer eine Aktivität respektive ein Event statt. Den Check-up-Tag online durchführen? Denkbar, aber mit vielen Abstrichen verbunden. Hinzu kam: «Das Bedürfnis, endlich mal wieder zusammen zu sein, war gross.» Gleichzeitig wollte man das Risiko einer agenturweiten Corona-Ansteckungswelle umgehen. Eine hybride Lösung war gefragt, die aber gleichzeitig das Thema des Jahres «High Performance» transportierte.

Also wurde der informativ-edukative Teil am Morgen über eine eigens erstellte Microsite live an alle Mitarbeitenden gestreamt. Noch im Livestream erhielten die Mitarbeitenden am Mittag dann ihre Aufgabe: Sie wurden in 10er-Teams eingeteilt, in denen sie einen Event für ein anderes 10er-Team organisieren mussten.

Und das in vier Stunden. Und mit dem Anspruch, dass der Event Jung von Matt würdig sein musste – was natürlich ein Höchstmass an Kreativität bedeutete.

«Dann begann das Gewusel», lacht Roman Hirsbrunner. «Die neu zusammengestellten Teams mussten sich finden und verabreden und dann sofort in die Planung gehen. Es wurde telefoniert, organisiert und verhandelt.» Pünktlich um 15:30 Uhr mussten alle Teams ihr Programm an eine zentrale Stelle senden. Von dort wurden die Programme wiederum einem anderen Team zugeteilt, dass dann in den Genuss des Events kam. Von High Performance zu High Excitement also.

Und was wurde so organisiert? «Es war alles dabei: ‹Surprise Acts› beim Landesmuseum, Sport-Challenges in der Badi Mythenquai, Kostümverleih im Brocki, Kanufahrten auf dem Zürichsee oder fünf Stunden in einer Suite im Dolder.»

Der Check-up-Tag 2020 war ein Erfolg. Wenn auch ein ganz anderer als in den Vorjahren. «Natürlich war es schade, dass wir uns nicht alle gemeinsam treffen konnten. Aber: In neu zusammengewürfelten, kleineren Teams in Kürze etwas auf die Beine stellen, machte aus dem theoretischen Begriff ‹High Performance› eine reale Challenge – und im Anschluss eine echte Freude», so Hirsbrunner.

Unternehmenskultur in einem veränderten Setting leben, neue Wege für Altbewährtes suchen und Vertrauen in die Selbstorganisation der Mitarbeitenden haben – das sind wohl die zentralsten Lehren aus dem Beispiel von Jung von Matt. «Es liegt sicher in unserer DNA, stets das Neue zu suchen, kreative Antworten auf bestehende Fragen zu finden und sich nicht zufrieden zu geben mit der erstbesten Lösung. Doch ich glaube, dass dieses Mindset in jedem Unternehmen Einzug halten kann, das die Offenheit dazu besitzt», sagt Roman Hirsbrunner.

Roman Hirsbrunner, CEO Jung von Matt

Praxisbericht «Teamevent-Challenge»

Kunst im Büro

Bringen Sie mehr Inspiration in Ihr Arbeitsleben, indem Sie Ihre Büroumgebung «kunstvoller» gestalten. Machen Sie es zu einer Teamaufgabe und lassen Sie jedes Team selbst auswählen, welche Bilder die Bürogemeinschaft an ihre Wände hängen möchte.

Ziel

Inspiration anregen; kulturelles Engagement wahrnehmen

Zutaten

- Kunstwerke
- Bürowände
- Mitarbeitende, die Kunst mögen

Zubereitung

1. Stellen Sie ein Projektteam und Budget zusammen.

2. Klären Sie ab, wo und in welchem Umfang Kunstwerke in den Büros aufgehängt werden dürfen.

3. Wählen Sie Kunstwerke verschiedener Künstler aus und publizieren Sie diese im Intranet.

4. Führen Sie ein Online-Voting durch und stimmen Sie als Firma ab, welche Kunst an den Bürowänden hängen soll.

5. Veranstalten Sie eine kleine Vernissage.

Tipp

- Engagieren Sie einen Künstler und gestalten Sie alleine oder im Team ein Kunstwerk.

- Nehmen Sie soziale Verantwortung wahr und investieren Sie in Kunstwerke von lokalen oder aufstrebenden jungen Künstlern.

Remote Coffee Calls

Arbeiten Sie mehrheitlich remote und vermissen die spontanen Gespräche in der Kaffee-Ecke? Zelebrieren Sie die Kaffeepause mit anderen trotz Distanz. Fixieren Sie einen wiederkehrenden Online-Termin und laden Sie Ihre Teammitglieder zum virtuellen Austausch ein.

Ziel

Austausch im Team fördern, spontane Gespräche ermöglichen

Zutaten

- Terminkalender
- Online-Besprechungstool wie Zoom oder Microsoft Teams

Zubereitung

1. Bestimmen Sie einen 30-minütigen wöchentlich wiederkehrenden Termin für einen virtuellen Austausch.

2. Empfehlen Sie allen Teammitgliedern, sich einen Kaffee zu machen und dann am Call teilzunehmen.

3. Fordern Sie alle auf, die Kamera anzustellen.

4. Sie können das Gespräch entweder mit einer Eröffnungsfrage starten oder bewusst keine Struktur vorgeben und das Gespräch spontan entstehen lassen.

Tipp

- Es gibt Online-Konferenztools wie www.teamflowhq.com, wo man das zufällige Treffen in Räumen simulieren kann.

- Bei Microsoft Teams oder Zoom kann man als Organisator des Calls die Gruppe per Zufallsgenerator in Zweierteams auf sogenannte «Breakout Rooms» aufteilen.

Leidenschaft Qualität

Was überzeugt den Kunden mehr als Produkte oder Dienstleistungen, die sich durch eine hohe Qualität auszeichnen? Dieses Ziel zu erreichen, bedingt ein konsequentes Hinterfragen des Status quo. Hingabe und Leidenschaft sowie die Freude an der ständigen Verbesserung sind genauso wichtig wie die Bereitschaft, keine Kompromisse einzugehen. Lassen Sie sich und Ihr Team vom Qualitätsgedanken inspirieren und streben Sie danach, sich ständig zu verbessern.

Ziel

Spitzenleistungen ermöglichen; qualitativ hochwertige Produkte oder Dienstleistungen schaffen; zufriedene und treue Kunden

Zutaten

- Bereitschaft, sich ständig zu verbessern
- Sich nicht mit der erstbesten Lösung zufriedengeben
- Ein Team, dass diese Hingabe teilt
- Viel Geduld
- Willenskraft

Zubereitung

1. Rücken Sie den Qualitätsgedanken für sich persönlich ins Zentrum Ihres Denkens und Handelns.

2. Diskutieren Sie im Team, wie der Prozess der ständigen Verbesserung implementiert und Bestandteil der Kultur werden kann.

3. Leben Sie tagtäglich das Qualitätsdenken vor, indem Sie keine Kompromisse in Sachen Qualität zulassen.

4. Nach jedem Projekt, jeder Kundenpräsentation und jeder Produktentwicklung diskutieren Sie im Team, was das nächste Mal besser gemacht werden kann.

Tipp

- Lehnen Sie Aufträge ab, die Ihren Qualitätsanspruch nicht erfüllen.
- Verwerfen Sie Konzepte, die Sie nicht überzeugen, auch wenn Sie zeitlich unter Druck stehen.

Bewertung
Planung ⚬⚬
Umsetzung ⚬⚬⚬⚬⚬
Kosten ⚬⚬⚬⚬⚬

Fitness-Challenge

Sie arbeiten vorwiegend virtuell zusammen und suchen nach einer einfachen Möglichkeit für Team-Building? Setzen Sie sich als Gruppe ein sportliches Ziel, das jeder einfach zuhause umsetzen kann: Zum Beispiel, dass jeder im Team nach sechs Wochen Training hundert Liegestützen oder hundert Rumpfbeugen ohne Pause absolvieren kann. Probieren Sie es aus und pushen Sie sich gegenseitig hoch!

Ziel

Fitness stärken; Zusammenhalt fördern

Zutaten

- Excel-Tabelle
- Sportsgeist

Zubereitung

1. Motivieren Sie Ihre Kollegen, gemeinsam die Fitness aufzubauen.

2. Einigen Sie sich auf ein Ziel und eine Zeitspanne, z.B. hundert Liegestütze ohne Pause nach sechs Wochen Training.

3. Erstellen Sie eine Tabelle, auf die jeder zugreifen kann. Ziel ist, dass jeder täglich seine Trainingsresultate darin festhält.

4. Generieren Sie ein Ranking basierend auf der täglichen prozentualen Steigerung und nicht auf der absoluten Anzahl.

5. Feuern Sie sich gegenseitig an und zeichnen Sie jede Woche den aus, der die grösste Steigerung erreicht hat.

Tipp

- Verlosen Sie einen Preis für den Gewinner der Fitness-Challenge.
- Probieren Sie das Trainingsprogramm auf www.hundredpushups.com aus.
- Engagieren Sie einen Fitness Coach, der virtuelle Live Workouts und Trainings anbietet, beispielsweise www.allout.ch.

Bewertung
Planung o
Umsetzung oo
Kosten o

Labster: Im virtuellen Team hundert Liegestütze nach sechs Wochen

Labster ist eine dänische Firma, die Software-Lösungen für das virtuelle Lernen in den Fächern Biotechnologie, Medizin und Chemie entwickelt (www.labster.com).

Worum ging es bei der «Labster-Push-up-Challenge»?
Es ging darum, dass jeder im Team fähig sein sollte, nach sechs Wochen hundert Liegestütze ohne Pause zu absolvieren und so seine Kraft und Fitness zu trainieren.

Welches waren Ihre ersten Schritte bei der Umsetzung?
Wir starteten einen einwöchigen Pilotversuch mit einer fünfköpfigen Gruppe, in der auch unser CEO und ich mit von der Partie waren. Es stellte sich heraus, dass die Unterschiede in Bezug auf Fitness und Kraft zwischen den Teilnehmern zu gross waren. Wir beschlossen deshalb für die firmenweite Challenge, dass nebst der Anzahl Liegestütze pro Tag auch eine wöchentliche Berechnung der relativen Verbesserung für das Ranking zählen würde.

Wie wurde die Challenge firmenweit lanciert?
Unser Team arbeitet hauptsächlich virtuell zusammen, da unsere achtzehn Mitarbeitenden über sechs Standorte und drei Zeitzonen (Europa, Südostasien, Mittelamerika) verteilt sind. Ich kündigte die Challenge daher per E-Mail an und erklärte in einer Videobotschaft die Spielregeln. Ich fügte ebenfalls einen Link zu einer Google-Tabelle an, worin jeder täglich seine Anzahl Liegestütze eintragen konnte. Die Tabelle berechnete automatisch die prozentuale wöchentliche Verbesserung.

Wie viele Teammitglieder haben teilgenommen? Gab es Aussteiger?
Alle nahmen teil, wobei eine Person ihre Teilnahme vorzeitig beendete.

Wie konnten Sie über sechs Wochen die Motivation hochhalten?
Wir hatten einerseits in der Tabelle eine Spalte für Kommentare, welche rege genutzt wurde. So machten wir regelmässig anfeuernde Bemerkungen oder gratulierten bei persönlichen Höchstleistungen. Andererseits kam es während der Challenge auch vor, dass wir am Hauptsitz in Kopenhagen fast täglich kurze Liegestütze-Treffen durchführten. Manchmal machte jemand ein Foto oder Video und sandte es an alle Teammitglieder. Schliesslich habe ich jede Woche am Freitag einen Screenshot der Tabelle gemacht und an alle per E-Mail versandt.

Das veranschaulichte den erzielten Fortschritt und motivierte, in der kommenden Woche nochmals besser zu werden. Rückblickend war es wohl von Vorteil, dass die Idee für die Liegestütz-Challenge nicht von uns Gründern stammte, sondern von unserem neusten Mitarbeiter, Lasse. Somit fühlte es sich nie wie eine aufgezwungene Top-down-Initiative an, sondern vielmehr wie eine Bottom-up-Team-Challenge.

Gibt es etwas Besonderes, das man bei der Organisation einer solchen Liegestütz-Challenge beachten sollte?

Um alle zu motivieren – auch Frauen – ist es wichtig, klar zu kommunizieren, dass es nicht um die absolute Anzahl Liegestütze geht, sondern um die wöchentliche relative Verbesserung der Eigenleistung. Zudem würde ich Liegestütze auf den Knien erlauben und die Challenge zeitlich begrenzen, zum Beispiel wie bei uns auf sechs Wochen.

Was bewog Sie dazu, eine «Push-up-Challenge» bei Labster zu initiieren?

Lasse argumentierte, dass die gewonnene körperliche Stärke zu einer besseren operativen Stärke im Arbeitsalltag führen würde.

Waren auch noch andere Beweggründe zentral?

Für mich als Gründer waren zwei Gründe ausschlaggebend: Einerseits gefiel mir, dass die Challenge für unser virtuelles Team einfach umzusetzen ist. Andererseits betonen wir immer wieder, dass wir ein offenes Ohr für Vorschläge und Ideen von unseren Mitarbeitenden haben. Die Challenge durchzuführen, hatte auch Signalwirkung.

Wie meinen Sie das?

Dass wir uns als Gründer und Geschäftsleiter von unserem neusten Mitarbeiter überzeugen lassen, während sechs Wochen insgesamt weit über tausend Liegestütze zu machen, signalisierte den anderen Teammitgliedern, dass wir ihre Ideen nicht nur ernst nehmen, sondern auch aktiv umsetzen. Zudem ist es besonders bei einem virtuellen Team nicht immer ganz einfach, Teambildung umzusetzen, da wir fast nie alle am gleichen Ort sind. Deshalb sind solche Ideen, die bottom-up entstehen und das Zusammengehörigkeitsgefühl stärken, sehr wertvoll für uns.

Michael Bodekaer, Gründer und CEO von Labster

CEO-Update

Als CEO sind Sie viel unterwegs. Oft fehlt daher die Zeit, Ihre Eindrücke, Erfahrungen bei Kunden, die neusten Trends auf dem Markt oder betrieblich wichtige Informationen der Belegschaft näherzubringen. Ist Ihr Unternehmen zudem an verschiedenen Standorten tätig oder betreibt es ein remote oder hybrides Arbeitsmodell, wird die regelmässige Kommunikation mit allen Mitarbeitenden noch herausfordernder. Eine Lösung dafür ist ein Videoblog. Regelmässig richten Sie eine direkte Botschaft an Ihre Mitarbeitenden und informieren so über wichtige Ereignisse. Damit sind alle weltweit stets auf dem neusten Stand.

Ziel

Regelmässig informieren; Wissen teilen; mit Bild und Bewegung persönliche Botschaften vermitteln

Zutaten

- Kamera und Mikrophon
- Kameramann
- Geeignete Schauplätze
- Spannende Geschichten

Zubereitung

1. Bestimmen Sie eine Person, welche die Botschaften filmt und vertont.

2. Sprechen Sie sich mit der Kommunikationsabteilung ab und vereinbaren Sie einen regelmässig wiederkehrenden Termin mit dem Kameramann.

3. Sie können das Video auch selbst mit dem Mobiltelefon oder einer Webcam aufnehmen. Achten Sie in diesem Fall auf die Tonqualität und investieren Sie in ein gutes Mikrofon.

4. Entscheiden Sie sich vor jeder Aufnahme für ein aktuelles Thema.

5. Finden Sie den dazu passenden Aufnahmeort. Falls Sie zum Beispiel über einen neuen Werkstoff berichten, wählen Sie das Labor.

6. Nehmen Sie den Beitrag auf, fügen Sie eine Einleitung und einen Abspann hinzu und stellen Sie ihn auf einen internen Kommunikationskanal.

Tipp

- Die CEO-Updates ersetzen den persönlichen Kontakt nicht.

- Der CEO muss nicht immer der Hauptdarsteller sein.

- Je spontaner und authentischer, desto besser.

- Das CEO-Update kann auch als Podcast umgesetzt werden.

Das Team wählt den Chef

Der Chef eines Teams wird meist vom übergeordneten Chef eingestellt. Das Team selbst wird beim Selektionsprozess gar nicht oder erst ganz am Schluss einbezogen. Doch nicht der übergeordnete Chef, sondern die Mitarbeitenden arbeiten täglich mit dem neuen Chef zusammen und müssen hochgesteckte Ziele erreichen. Lassen Sie deshalb das Team wählen, wer für den Chefposten neu eingestellt oder befördert werden soll. Das setzt Energie frei und sorgt für reibungslose Abläufe.

Ziel

Funktionierende Teams; fähige Abteilungsleiter; starker Zusammenhalt

Zutaten

- Mehrere potenzielle Chefs, die zur Auswahl stehen
- Vorselektion durch den übergeordneten Chef
- Stimmberechtigte Mitarbeitende
- Schulungen in der Interviewführung

Zubereitung

1. Sie oder Ihre Personalabteilung bestimmen mindestens drei geeignete Kandidaten für den Chefposten.

2. Organisieren Sie Gruppen- oder individuelle Gespräche zwischen den Mitarbeitenden und den Chefkandidaten.

3. Tragen Sie die Meinungen der Mitarbeitenden am besten gleich in einer gemeinsamen Besprechung zusammen.

4. Lassen Sie das Team seinen Chef wählen.

Tipp

- Die Mitbestimmung der Mitarbeitenden kann von der einfachen Empfehlung bis hin zur Bestimmung des Chefs reichen.
- Gestehen Sie dem Personalleiter und/oder dem übergeordneten Chef ein Vetorecht ein.

Wenn der Chef zum Barista wird

Auf den ersten Blick sieht die Kaffeebar aus wie jede andere. Doch es gibt einen kleinen, aber feinen Unterschied: Es sind Ihre Führungskräfte und Teamleiter, die hinter dem Tresen stehen und die Cappuccinos zubereiten. Der Gedanke dahinter ist einfach: Steht der Chef hinter dem Tresen, verschwinden hierarchische Barrieren, was zu einem viel ungezwungeneren und offeneren Austausch führt.

Ziel

Hierarchien abbauen; abteilungsübergreifende Kommunikation fördern

Zutaten

- Kaffeebar und -maschine
- Barista-Schulungen für Führungskräfte
- Guter Kaffee

Zubereitung

1. Finden Sie den richtigen Ort in Ihrem Gebäude für die Kaffeebar.

2. Bestellen Sie die nötigen Einrichtungsgegenstände (Kaffeemaschine, Tassen etc.).

3. Führen Sie ein Kaffee-Tasting durch und entscheiden Sie sich für den Kaffee, der allen am besten schmeckt.

4. Erkundigen Sie sich beim Kaffeeanbieter, ob er Barista-Schulungen für Ihre Führungskräfte anbieten kann.

5. Jede ausgebildete Führungskraft verpflichtet sich pro Monat zu einer fixen Stundenzahl an der Kaffeebar.

6. Stellen Sie sicher, dass die Kaffeebar zu Pausenzeiten stets bedient ist.

Tipp

- Limitieren Sie die Aktion erst einmal auf ein Vierteljahr.
- Zeigen Sie soziale Verantwortung und bestellen Sie Fair-Trade-Kaffee.

Evernote: Wenn der CEO jede Woche im Firmencafé jobbt

Evernote ist ein weltweit tätiges Unternehmen, das Software- und Web-Tools entwickelt, die das Sammeln, Ordnen und Finden von Notizen, Dokumenten und Fotos in verschiedenen Formaten unterstützen.

Stimmt es, dass die Mitglieder Ihrer Geschäftsleitung im Firmencafé «Dialog Box» regelmässig als Baristas arbeiten?
Ja. Tatsächlich ist die Initiative in unserem Evernote-Hauptquartier in Kalifornien, wo über zweihundert Mitarbeitende arbeiten, sehr beliebt.

Wie kam es zu dieser Initiative?
Als wir unser neues Firmengebäude bezogen, haben wir ein kleines Café im Eingangsbereich eingerichtet. Viele unserer Mitarbeitenden schätzen hochwertiges Essen und Trinken, dazu gehört auch ausgezeichneter Kaffee. Nachdem wir nun die Kaffeebar eröffnet hatten, bemerkten wir, dass es ein toller Begegnungsort ist. Anders als in den Meetings finden Gespräche an der Kaffeebar informell und ungezwungen statt. Also fingen wir an, die Kaffeebar «The Dialog Box» zu nennen und unsere Führungskräfte in Barista-Trainings zu schicken. Danach sollte jede so geschulte Führungskraft eine Stunde pro Woche als Barista arbeiten und Kaffee für jeden machen. Da die Nachfrage für das Trainingsprogramm sehr hoch war, limitieren wir es nicht mehr – wie ursprünglich angedacht – nur auf Manager, sondern bieten nun allen interessierten Mitarbeitenden an, stundenweise in der Dialog Box als Barista zu arbeiten, sofern sie geschult worden sind.

Wenn jede Führungskraft eine Stunde pro Woche in der Dialog Box arbeitet, kommt es vermutlich zu vielen Schichtwechseln. Wie koordinieren Sie diese?
Unser Team am Empfang koordiniert den Schichtplan und stellt sicher, dass immer jemand in der Dialog Box arbeitet. Sie sind auch die Ansprechstelle, falls jemand seine Schicht abgeben oder im Falle eines kurzfristigen Meetings oder einer Reiseplanänderung verschieben muss.

War man am Anfang skeptisch gegenüber dem Projekt? Gab es zum Beispiel auch Manager, die sich geweigert haben?
Ich habe nie eine negative Stimme gehört. Jeder fand es eine gute Idee und freute sich, ein professionelles Training als Barista durchlaufen zu dürfen. Sogar unser CEO arbeitet jede Woche an der Kaffeebar. Das Konzept bescherte uns einen

Riesenerfolg und hat vor allem die informelle interne Kommunikation zwischen den Abteilungen nachhaltig gestärkt.

Wie sind die Öffnungszeiten der Dialog Box?
Die Dialog Box ist zu den regulären Bürozeiten geöffnet. Es steht aber jedem, der die Schulung absolviert hat, offen, die Kaffeebar auch ausserhalb der offiziellen Öffnungszeiten zu bedienen.

Wie viel kostet ein Kaffee an der Dialog Box?
Der Kaffee ist, wie alle anderen Getränke bei Evernote, gratis.

Welches ist eine der besten Geschichten im Zusammenhang mit der Dialog Box?
Wir sammeln die Geschichten nicht, aber es gab schon einige lustige Vorfälle. Zum Beispiel ist es schon ein paarmal vorgekommen, dass Jobbewerber gerade zu der Zeit ankamen, als unser CEO Phil Libin Kaffee servierte. Keiner der Bewerber konnte glauben, dass der CEO Teil der Schichtrotation war und sie deshalb bediente. Es zeigt, was für eine offene und bodenständige Unternehmenskultur wir bei Evernote pflegen.

Welche konkreten Verbesserungen führen Sie auf die Dialog Box zurück?
Man trifft mehr Mitarbeitende, die man sonst nie treffen würde, weil sie an anderen Projekten oder in anderen Abteilungen arbeiten. Da unser Unternehmen wächst, bietet die Dialog Box gerade Neuzugängen eine Möglichkeit, andere Mitarbeitende kennenzulernen. Generell ist die Dialog Box ein fantastischer Ort, um Ideen zu besprechen, die abteilungs- und funktionsübergreifend sind.

Was sollte man beachten, wenn man als Firma eine eigene Kaffeebar im Stil der Dialog Box einführen möchte?
Wichtig ist, dass das Topmanagement für die Idee einsteht und nach erfolgreichem Barista-Training mit Begeisterung hinter dem Tresen Kaffee serviert. Es darf nicht zur Pflicht werden; entsprechend sollte es jedem Manager freigestellt sein, ob er eine Barista-Schulung absolvieren möchte oder nicht. Wenn sich eine Führungskraft jedoch für die Schulung entscheidet, verpflichtet sie sich zu einer fixen Anzahl Stunden an der Kaffeebar. Ebenfalls empfehle ich, ein gutes Trainingsprogramm für die zukünftigen Baristas durchzuführen, sonst macht Ihnen noch jemand die teure Kaffeemaschine kaputt – das wäre ärgerlich.

Linda Kozlowski ist ehemalige Vice President Worldwide Operations bei Evernote

Praxisbericht «Wenn der Chef zum Barista wird»

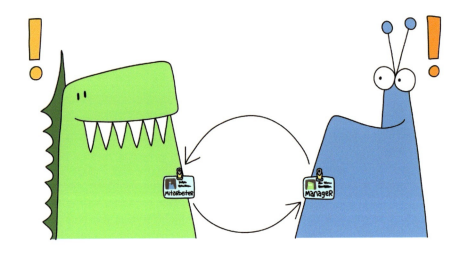

Die Seite wechseln

Ein indianisches Sprichwort sagt: Bevor du nicht die Mokassins eines anderen für eine Woche getragen hast, sollst du nicht über ihn urteilen. Auf den unternehmerischen Kontext übertragen, kann ein Vorgesetzter im Rahmen eines Seitenwechsels für eine Woche die Position und Aufgabe eines Mitarbeiters aus einem anderen Team einnehmen. Können Sie sich vorstellen, wie ein solcher Wechsel auf alle Beteiligten wirkt?

Ziel

Empathie und gegenseitiges Verständnis fördern; Perspektive wechseln; Reflexion ermöglichen

Zutaten

- Konzeptpapier mit Zielen, Vorteilen, Kosten und Ablauf
- Unterstützung durch die Geschäftsleitung
- Offenheit von Teamleitern und Teams
- Zentrale Koordinationsstelle
- Stellvertretungskonzept

Zubereitung

1. Überzeugen Sie Ihre Vorgesetzten von der Idee.

2. Informieren Sie die Teamleiter über das neue Angebot.

3. Nehmen Sie Anmeldungen entgegen, vorausgesetzt, dass der jeweilige Vorgesetzte und das eigene Team die Idee tragen.

4. Teamleiter, die gewillt sind, eine Führungskraft im Team für eine Woche aufzunehmen, können sich ebenfalls melden.

5. Nach einer Woche Seitenwechsel tauschen die beiden Führungskräfte ihre Erfahrungen und Erkenntnisse aus.

Tipp

- Der Seitenwechsel kann als Teil der internen Führungsausbildung konzipiert werden.
- Er funktioniert am besten auf der untersten Führungsstufe.

Die Seite wechseln

Feedbackspaziergang

Ein Feedback zu bekommen, ist ein Geschenk, und dennoch fällt es vielen Organisationen schwer, eine starke Feedbackkultur zu etablieren. Ein einfaches und effektives Format dafür ist der Feedbackspaziergang. Vorgesetzte und Mitarbeitende brechen auf, auf dem Hinweg hört eine Person nur zu, während die andere Person Lob ausspricht und mögliche Entwicklungsbereiche nennt. Auf dem Rückweg wird das Ganze umgekehrt. So fliesst Feedback auf beide Seiten, und man hat auch noch etwas für die Gesundheit getan.

Ziel

Feedbackkultur stärken, Dialog und Bewegung fördern

Zutaten

- Geeignete Route zum Spazieren
- Dialogfähigkeit
- Konkrete Beispiele, um Stärken und Entwicklungsbereiche fassbar zu machen

Zubereitung

1. Finden Sie eine geeignete Route zum Spazieren und legen Sie einen Termin fest. In der Regel reichen 30–45 Minuten.

2. Auf dem Hinweg sprechen Sie drei Situationen an, zu denen Sie Ihrer Gesprächspartnerin ein positives Feedback geben möchten. Die Gesprächspartnerin hört zu und darf nur Verständnisfragen stellen.

3. Danach sprechen Sie drei Situationen an, zu denen Sie Ihrer Gesprächspartnerin ein konstruktives Feedback hinsichtlich Entwicklungsbereiche geben möchten. Die Gesprächspartnerin hört zu und darf nur Verständnisfragen stellen.

4. Nun treten Sie den Rückweg an und wechseln die Rollen.

5. Am Ende des Gesprächs bedanken Sie sich und teilen sich gegenseitig mit, welche Feedbacks Sie für sich mitnehmen und welche Sie als weniger oder gar nicht relevant für sich einstufen.

Tipp

- Vermeiden Sie Rechtfertigungen, wenn Ihnen ein Feedback nicht zusagt, und lassen Sie es einfach so stehen.

- Mögliche Entwicklungsbereiche erkennen Sie daran, wenn es Ihr Arbeitsleben, dasjenige Ihrer Kollegen oder das Leben der Organisation einfacher macht.

Mehr Demokratie im Unternehmen

Bei Staaten pochen wir auf Demokratie. Bei Firmen dagegen setzen wir auf straffe Hierarchien. Wieso nicht mal anders? Lassen Sie Ihr Team bei der nächsten Investition, Entwicklung eines neuen Produktes oder über einen angedachten Markteintritt mitentscheiden. Sie werden nicht nur bessere Entscheidungen treffen, sondern die Mitarbeitenden durch den erhöhten Mitbestimmungsgrad motivieren und ans Unternehmen binden.

Ziel

Know-how aller Mitarbeitenden nutzen; Macht teilen; Verantwortung und Engagement der Mitarbeitenden fördern; bessere Entscheide fällen

Zutaten

- Einen Chef, der nicht an seiner Macht festhält
- Menschenbild, das den Menschen als verantwortungsbewusst, klug und leistungswillig wahrnimmt
- Offene Diskussionskultur
- Vertrauen
- Taten- und Gestaltungsdrang

Zubereitung

1. Finden Sie heraus, welche strategischen Entscheidungen in Ihrem Verantwortungsbereich anstehen.

2. Erklären Sie den Mitarbeitenden die aktuelle Situation, das angestrebte Ziel, welches Sie erreichen möchten, sowie die zu fällenden Entscheidungen.

3. Diskutieren Sie im Team mögliche Varianten sowie deren Vor- und Nachteile.

4. Hören Sie auf die Vorschläge und die Kritik der Mitarbeitenden.

5. Stimmen Sie ab und setzen Sie den demokratischen Entscheid um.

Tipp

- Beziehen Sie möglichst das ganze Team ein.
- Falls Ihr Unternehmen mehr als 30 Mitarbeitende hat, demokratisieren Sie innerhalb der einzelnen Abteilungen.

Mehr Demokratie im Unternehmen

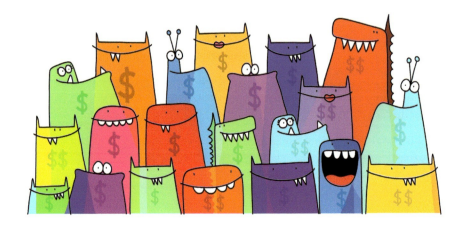

Lohntransparenz

«Wie viel verdienst du?» Eine Frage, die in den meisten Unternehmen ein Tabu ist. Warum eigentlich? Sind die Gehälter fair bestimmt und nachvollziehbar, dann sollte der Veröffentlichung nichts im Wege stehen. Die CEOs vieler börsenkotierter Firmen machen es bereits vor.

Ziel

Mehr Fairness dank Transparenz; Verstärkung des Teamgeistes

Zutaten

- Eine gehörige Portion Mut
- Faires Lohnsystem, welches die Nachvollziehbarkeit gewährleistet
- Offene Mitarbeitende

Zubereitung

1. Diskutieren Sie in der Geschäftsleitung die Idee der Offenlegung. Beziehen Sie auch Führungskräfte und die Personalabteilung ein.

2. Erarbeiten Sie ein Lohnsystem, das die für Sie wichtigen Kriterien bei der Festlegung von Löhnen berücksichtigt.

3. Überprüfen Sie die bestehenden Löhne im neuen Modell und identifizieren Sie die Personen, die nicht ins Modell passen (zu hoch oder zu niedrig im Lohn).

4. Legen Sie Massnahmen fest, wie diese Personen behandelt werden.

5. Informieren Sie die Belegschaft über das geplante Unterfangen mittels mehrerer Anlässe.

6. Sind alle Hürden genommen, publizieren Sie die Löhne oder Lohnklassen.

Tipp

- Prüfen Sie die Möglichkeit des Einheitslohns (siehe Rezept «Einheitsgehalt» auf Seite 74).

Lohntransparenz

Ergon Informatik: Wenn jeder weiss, was der andere verdient

Die Softwarefirma Ergon vereint Technologie-, Security- und Business-Kompetenzen und realisiert smarte Lösungen für komplexe Digitalisierungsvorhaben.

Was macht das Unternehmen Ergon so speziell?
Ergon, ein privates Unternehmen, das 1984 gegründet wurde, war früh im schnell wachsenden Markt für massgeschneiderte Softwarelösungen tätig. 2021 zählt die Firma 350 hochqualifizierte Mitarbeitende, die in eigenverantwortlichen Teams tätig sind. Jedes Team agiert unternehmerisch und trifft viele Entscheidungen autonom. Unsere Art der Unternehmensführung richtet sich stark am Kundennutzen und an drei zentralen Werten aus.

Können Sie uns etwas mehr über diese Werte erzählen?
Die Basis ist die Gleichbehandlung aller Beschäftigten. Bei uns haben alle unabhängig von Funktion und Alter die gleichen Rechte und Pflichten. So sind unter anderem die Löhne bei gleicher Erfahrung, Ausbildung und Verantwortung identisch. Auch Spesenausgaben, Mitwirkung bei Entscheidungen oder das Vetorecht stehen allen gleichermassen zu.
Der erste Wert heisst «immer besser». Wir suchen Herausforderungen, um uns kontinuierlich zu verbessern. Ein wichtiges Element ist dabei unser Weiterbildungskonzept, das bei einer 100-Prozent-Anstellung vierzehn Tage Weiterbildung pro Jahr vorsieht. Die Mitarbeitenden setzen sich ihre eigenen Ziele zur Weiterentwicklung – in Absprache mit Vorgesetzten und in Anlehnung an die übergeordneten Ziele der Organisation.
Unser zweiter Kernwert ist «transparent». Es ist unser Anliegen, der Belegschaft möglichst viele Informationen zugänglich zu machen. So sind in unserem Projektmanagementsystem Kennzahlen wie Produktivität oder Umsatz für alle einsehbar. Auch alle Gehälter und Boni sind bekannt. Die Sitzungsprotokolle der Geschäftsleitung sind im Intranet verfügbar. Zusätzlich führen wir jeden Monat eine Informationsveranstaltung durch, in der die aktuellen Projekte und Herausforderungen erläutert werden. Während der Pandemie haben wir die Frequenz verdoppelt, um Verbundenheit zu schaffen. Diese Transparenz ist wichtig, da sie Eigenverantwortung sowie unternehmerisches Denken und Handeln auf allen Ebenen ermöglicht.
Unser dritter Wert heisst «beteiligt» und steht für Erfolgsbeteiligung und Mitwirkung. Diese zeigt sich in aktiven Befragungen und in einem Vetorecht. Jedes Team kann Entscheide mit einem Veto der Mehrheit der Mitarbeitenden auf die nächst-

höhere Ebene eskalieren. Das gilt auch für die Geschäftsleitung. Ein Beispiel für eine aktive Umfrage war die geplante Verlegung und Zentralisierung der Standorte. Die Geschäftsleitung wollte alle Teams unter einem Dach in einem tollen Gebäude an einem kostengünstigen Ort zusammenführen. Die Mehrheit der Angestellten sprach sich jedoch dagegen aus. Deshalb blieb Ergon in Zürich. Daneben pflegen wir ein aktives Vorschlagswesen. Alle drei Monate werden die neuen Vorschläge geprüft und wenn möglich umgesetzt. Beteiligung am Unternehmenserfolg und -risiko bedeutet konkret, dass zehn bis zwanzig Prozent des Gehaltes als Risikobeteiligung zurückbehalten und erst Ende Jahr ausbezahlt werden, wenn die Firma wirtschaftlich erfolgreich war – seit Firmengründung war dies immer der Fall. Individuelle Ziele werden bewusst keine vereinbart; nur der Gesamterfolg der Firma zählt. Als Ausgleich zur Risikobeteiligung wird der Geschäftserfolg zu einem grossen Teil in Form von Boni an die Belegschaft ausbezahlt.

Wie sind diese Werte entstanden?
Der Anfang war vor bald dreissig Jahren, als die damaligen Mitarbeitenden durch einen Team-Buyout zu Mitunternehmern wurden. Die Werte gelten immer noch und wurden im Lauf der Zeit leicht modernisiert.

Wo liegen für Sie die Vorteile einer solchen Unternehmenskultur?
Es werden Lösungen erarbeitet, die von den Angestellten besser akzeptiert und nachhaltig getragen werden. Allein die Möglichkeit, sich gegen die Entscheide der Teamleitung oder der Geschäftsleitung stellen zu können, führt zu einer grossen Akzeptanz und besseren Teamdynamik.

Gibt es auch Nachteile?
Gewisse Entscheide dauern länger und erfordern einen Reifeprozess. Man muss sich ablehnenden Haltungen stellen und bessere, mehrheitsfähige Lösungen suchen. Alles in allem ist es anstrengender und aufwendiger, aber dafür nachhaltiger und sinnvoller.

Gibt es noch Handlungsbedarf?
Es gibt immer Verbesserungsmöglichkeiten. Mit 350 Mitarbeitenden braucht die Firma mehr Struktur und Fokus als früher. Dank der Transparenz und Mitwirkung übernimmt jede und jeder Verantwortung, und das gegenseitige Vertrauen ist hoch. Dies ermöglicht Dezentralisation: Entscheidungen werden so autonom wie möglich gefällt. Ich bin überzeugt, dass der hohe Grad an Autonomie und die Mitwirkungsmöglichkeiten massgeblich zum Erfolg von Ergon beitragen.

Gabriela Keller, CEO, Ergon Informatik AG

Praxisbericht «Lohntransparenz»

Feedback mal anders

Üblich ist, dass der Feedback-Prozess im Unternehmen «topdown» gelebt wird, das heisst, die Vorgesetzten bewerten ihre Mitarbeitenden. Wieso nicht den Spiess einmal umdrehen? Lassen Sie Ihre Angestellten die Manager bewerten. Denn wer, wenn nicht die Mitarbeitenden selbst, könnte den direkten Vorgesetzen am besten beurteilen?

Ziel

Feedback-Kultur stärken; von den eigenen Teammitgliedern lernen

Zutaten

- Bottom-up-Feedback-Prozess
- Durch Offenheit, Ehrlichkeit und Vertrauen geprägte Firmenkultur
- Kritikfähige Vorgesetzte
- Mitarbeiterschulung: Wie gebe ich meinem Chef ein konstruktives Feedback?

Zubereitung

1. Überlegen Sie sich, wie die Feedback-Verteilung am besten erfolgen soll: mit anonymem Fragebogen, individuell in einem Gespräch oder in einer konsolidierten Teamrückmeldung.

2. Erläutern Sie allen Mitarbeitenden und Vorgesetzten den Sinn und Zweck des Feedback-Prozesses.

3. Bereiten Sie die zum Prozess passenden Dokumente und Hilfsmittel vor.

4. Führen Sie eine einstündige Schulung durch: «Wie sage ich es meinem Chef?»

Tipp

- Führen Sie den Prozess zeitlich getrennt von einem Lohnanpassungs- oder Prämienprozess durch.
- Starten Sie einen Pilotversuch in einer Abteilung mit einem kritikfähigen Vorgesetzten.

Bewertung
Planung ○○○○
Umsetzung ○○○○○
Kosten ○

Life-Balance-Bonus

Wieso nicht einen Teil der Boni in die Life-Balance Ihrer Mitarbeitenden investieren? Spendieren Sie ihnen Zusatzleistungen wie wöchentliche Gratis-Massagen, täglich frische Früchte oder ein Jahresabonnement für Kochboxen oder (virtuelle) Fitnesskurse und schaffen Sie so die Voraussetzungen für nachhaltiges Wachstum. Denn gesunde und zufriedene Mitarbeitende leisten deutlich mehr.

Ziel

Life-Balance fördern; gute Leistungen der Belegschaft sinnvoll und nachhaltig honorieren

Zutaten

- Einen Teil des Gewinns beziehungsweise Bonus
- Life-Balance-fördernde Massnahmen
- Kreative Ideen

Zubereitung

1. Werden Sie sich in der Geschäftsleitung einig, wie viel Gewinn resp. Bonusanteil investiert werden soll.

2. Finden Sie mit einer Umfrage oder einer Projektgruppe heraus, was die Mitarbeitenden in Ihrem Unternehmen als sinnvolle Massnahme zur Stärkung der Life-Balance erachten.

3. Setzen Sie die Massnahmen um.

4. Überprüfen Sie nach einem Jahr das Angebot und passen Sie es bei Bedarf an.

Tipp

- In «BetterBoss Band 1» finden Sie viele nachhaltige Ideen zur Verbesserung der Life-Balance.

- Besuchen Sie eine oder mehrere Firmen, welche konsequent in eine positive Arbeitsatmosphäre investieren und lassen Sie sich inspirieren.

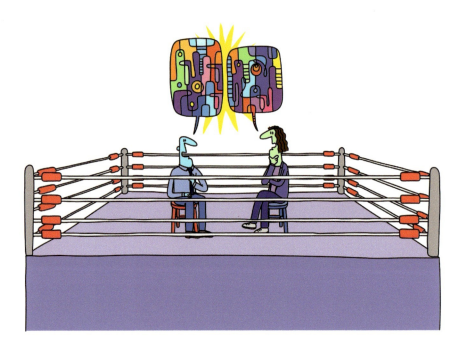

Sparringspartner in beruflichen Fragen

Die Wechsel in der Führungsetage halten an, die Betreuung seitens der Personalabteilung nimmt tendenziell ab, die Komplexität der Problemstellungen aber zu. Führungskräfte sind oft die Leidtragenden dieser Situation. Ihnen fehlt eine vertrauensvolle und neutrale Ansprechperson, um Probleme zu diskutieren und mögliche Handlungsoptionen zu eruieren. Sichern Sie Ihren Führungskräften deshalb den einfachen Zugang zu professionellen Coaches für eine schnelle Entlastung und Klärung.

Ziel

Führungskräfte entlasten; Zugang zu einem neutralen Gesprächspartner ermöglichen; Wohlbefinden und Gesundheit stärken

Zutaten

- Führungskräfte
- Unabhängige und professionelle Coaches
- Anonymität

Zubereitung

1. Legen Sie fest, welche Führungskräfte in den Genuss dieser Zusatzleistung kommen sollen.

2. Stellen Sie sicher, dass die Beratung anonym genutzt werden kann.

3. Entscheiden Sie sich, mit welcher Botschaft Sie diese neue Zusatzleistung lancieren möchten: als Bestandteil der betrieblichen Gesundheitsförderung, als Massnahme in der Führungsentwicklung oder zur Stärkung des Employer Branding.

4. Informieren Sie die Führungskräfte über diese Zusatzleistung und die Gründe dafür.

Tipp

- Prüfen Sie das Angebot www.spotcoaching.ch.
- Offerieren Sie das Angebot auch spezialisierten Fachkräften.

Bewertung
Planung oo
Umsetzung o
Kosten ooooo

Hierarchien im Fokus

Menschen im Fokus

Einheitsgehalt

Möchten Sie bestehende Hierarchien und Ungleichheiten im Team abbauen? Dann liegt der letzte konsequente Schritt in der Vereinheitlichung der Löhne. Denn der Lohn stellt einen Wert dar und damit auch eine Wertung des jeweiligen Lohnempfängers.

Ziel

Abbau von Hierarchien; Zusammenhalt fördern; Gleichbehandlung

Zutaten

- Mutiger Chef
- Mitarbeitende, die Gleichberechtigung wirklich ernst nehmen
- Leistungsdenken, das auf dem Kollektiv aufbaut und weniger auf der individuellen Leistung
- Faire Entlöhnung

Zubereitung

1. Besprechen Sie Ihr Anliegen mit Vertretern der Belegschaft und prüfen Sie die Bereitschaft.
2. Bestimmen Sie ein Einheitsgehalt.
3. Passen Sie die Arbeitsverträge an.
4. Überprüfen Sie das Modell und passen Sie es bei Bedarf weiter an.

Tipp

- Wer zum Eigenkapital der Firma beiträgt (Teilhaber), erhält zusätzlich eine Risikoprämie auf den Lohn.
- Lehrlinge werden nach Abschluss stufenweise an das Einheitsgehalt herangeführt.
- Vereinbaren Sie allenfalls eine Gewinnbeteiligung, welche die Berufserfahrung und den Beitrag fürs Team widerspiegelt.
- Dieses Rezept eignet sich eher für kleinere Betriebe mit ähnlichen Jobprofilen.

Die eigene Aufgabe selbst bestimmen

Was würde passieren, wenn Mitarbeitende selbst wählen könnten, an welchem Projekt sie arbeiten? Die Hierarchiestruktur wäre verflacht, Mitarbeitende würden viel engagierter anpacken und Qualitäts- wie Terminprobleme gäbe es wohl keine mehr. Und zu guter Letzt: Sie erkennen sofort, welche Projekte als wichtig oder weniger wichtig erachtet werden.

Ziel

Eigeninitiative und Spass an der Arbeit fördern; Hierarchien abbauen; individuelle Stärken einsetzen

Zutaten

- Projekte
- Klare Projektbeschreibungen und Verantwortlichkeiten
- Flache Hierarchiestrukturen
- Koordinationsstelle

Zubereitung

1. Schaffen Sie eine zentrale Projektkoordinationsstelle, welche den Überblick über sämtliche Projekte hat.

2. Bestimmen Sie eine Abteilung, welche für ein Pilotprojekt geeignet wäre.

3. Informieren Sie die Vorgesetzten über das neue Führungsverständnis.

4. Informieren Sie die Mitarbeitenden über die verschiedenen Projekte.

5. Motivieren Sie Mitarbeitende, sich bei der zentralen Projektkoordinationsstelle für ein Projekt ihrer Wahl zu bewerben.

6. Evaluieren Sie das Pilotprojekt und setzen Sie das Modell unternehmensweit um.

Tipp

- Lesen Sie das Mitarbeiterhandbuch der Firma Valve, die ein solches System erfolgreich eingeführt hat.
- Prüfen Sie das Auslagern von notwendigen, aber unbeliebten Aufgaben.

Bewertung
Planung ooo
Umsetzung ooo
Kosten o

Die eigene Aufgabe selbst bestimmen

Wenn sich der Chef bei Kandidaten bewirbt

Seit Jahrzehnten hat sich die Form des Stelleninserates nicht geändert. Dies, obwohl die Arbeitsmärkte zunehmend vom Arbeitnehmer bestimmt werden, vor allem in den technischen Bereichen. Falls auch Sie Mühe haben, offene Stellen zu besetzen, ist es vielleicht Zeit, umzudenken. Warum bewirbt sich bei einer offenen Stelle der Chef nicht einmal bei zukünftigen Bewerbern?

Ziel

Offene Stellen mit valablen Kandidaten besetzen; Employer Branding

Zutaten

- Einen innovativen Personalchef
- Mutige Führungskräfte
- Filmcrew

Zubereitung

1. Überzeugen Sie Ihre Geschäftsleitung und die Führungskräfte, dass sie als Unternehmen anders auf dem Arbeitsmarkt auftreten müssen.

2. Präsentieren Sie ein Rekrutierungskonzept, in welchem Ihr Unternehmen aktiv auf Kandidaten zugeht.

3. Engagieren Sie ein professionelles Filmteam, welches die Führungskräfte ins richtige Licht rückt.

4. Lassen Sie die Führungskräfte vor laufender Kamera die Arbeit, das Team und die offene Stelle präsentieren.

5. Schneiden und vertonen Sie das Video.

6. Stellen Sie es auf das eigene Stellenportal.

Tipp

- Es gibt viele professionelle Videoagenturen, die solche Kurzfilme für Sie produzieren.

VBZ: Wenn der Arbeitsalltag zur Erfolgsgeschichte wird

Zürichs Herz schlägt gewissermassen im 7,5-Minuten-Takt der Verkehrsbetriebe (VBZ). Die blauweissen Busse und Trams der VBZ sind fahrende Wahrzeichen der Stadt. Auch hinter den Kulissen halten die 2500 Mitarbeiterinnen und Mitarbeiter in über 50 Berufen Zürich in Bewegung. Die VBZ haben es so zusammengefasst: «Wo wir arbeiten, lebt Zürich.»

Wie kann man dieses einmalige Gefühl, für die VBZ, die Stadt und ihre Menschen zu arbeiten, am besten transportieren? Und gleichzeitig die gesamte berufliche Vielfalt darstellen? Die VBZ setzen dafür auf Storytelling.

«Die besten Geschichten schreibt der Arbeitsalltag», meint Florian Schrodt, Leiter Personalmarketing bei den VBZ. An diesen Geschichten wollten die VBZ ihre Bewerberinnen und Bewerber teilhaben lassen, als sie 2018 ihr neues Karriereportal starteten. Die Karriereseite ist ein Sammelband voller Geschichten mitten aus dem Leben der VBZ – erzählt von den Mitarbeitenden selbst. Sie erleben jeden Tag spannende Projekte, interessante Tätigkeiten und Eigenheiten der VBZ hautnah. Für Bewerbende sind diese Geschichten aus dem VBZ-Arbeitsalltag besonders wertvolle Eindrücke, denn sie zeigen, worauf es wirklich ankommt: Was einem bei einem Einstieg erwartet, woran und mit wem man arbeitet und so manche Ecken und Kanten des Arbeitsalltags. «Nur so kann man entscheiden, ob ein Einstieg passt, oder eben nicht», so Schrodt. Deshalb wird das Storytelling aus Kandidatensicht auch konsequent im Seitenaufbau durchgezogen. Die Karriereseite der VBZ bietet Einblicke in acht unterschiedliche Berufswelten, in denen sich Interessierte fachlich wiederfinden können, und beleuchtet darüber hinaus mit unterhaltsamen Stories auch die Arbeitgeberin und das Stadtleben, das die VBZ mitprägen.

Obendrein kommen die VBZ durch das Storytelling ganz unverbindlich dort ins Gespräch, wo Inserate nicht ziehen. Bei Menschen, die nicht aktiv auf Jobsuche sind. Die VBZ animieren deshalb ihre Mitarbeitenden, die Stories aktiv in ihren Netzwerken zu teilen. So erreichen die Verkehrsbetriebe Peergroups der Mitarbeitenden mit authentischen Inhalten und echten Stories. Das kommt gut an. So gut, dass die neue Karriereseite 300 Prozent mehr Zugriffe verzeichnet als das Vorgängerportal. Quasi eine ganz eigene Erfolgsgeschichte.

Sie wollen ihren eigenen Personalmarketing-Bestseller landen? Florian Schrodt hat dafür fünf Tipps zusammengestellt.

Tipp 1: Partizipieren
Wer über das Berufsleben der Mitarbeitenden berichten will, sollte daran teilhaben. Daher: Raus aus dem Elfenbeinturm, rein ins bunte Leben. Sprechen Sie mit den Menschen. Und noch wichtiger: Hören Sie zu.

Tipp 2: Animieren
Fragen kostet nichts. Fragen sie einfach, ob Sie darüber berichten dürfen, was Sie bei den Kolleginnen und Kollegen vor Ort sehen und hören. Ohne umständliche Kampagnen, ohne aufwendige Video- oder Fotodrehs, ohne professionelle Texter. Alltag ist nicht immer Hochglanz. Lassen Sie die Menschen erzählen und halten Sie es einfach fest.

Tipp 3: Kultivieren
Tue Gutes und sprich darüber, lautet unser Motto im Team. Das Gefühl, ein gutes Erlebnis für andere festzuhalten, ist für uns bei der VBZ eine Art Mantra, das wir immer wieder betonen. Ausserdem ist es ein Zeichen der Wertschätzung für die Mitarbeitenden selbst, wenn sie eine Bühne für ihr Tun erhalten.

Tipp 4: Kuratieren
Es muss nicht immer eine neu recherchierte Story sein. Schauen Sie mal im Intranet, im Geschäftsbericht, in der Mitarbeiterinnenzeitung oder auf LinkedIn. Auch der Flurfunk weiss viel zu berichten. Überall finden Sie Geschichten, die es nur zu adaptieren gilt. Das ist ihre Arbeitgebermarke – die Summe aller Eindrücke. Sammeln Sie sie, kuratieren Sie sie und machen Sie sie sichtbar.

Tipp 5: Demokratisieren
Wenn Sie all das gemacht haben, haben Sie eine ziemlich demokratische Employer Brand und den besten Personalmarketing-Motor, den man sich wünschen kann: Ihre Mitarbeiterinnen und Mitarbeiter. Halten Sie ihn am Laufen.
Denn der wichtigste Erfolgsfaktor, so Schrodt, ist die Kontinuität. «Damit schafft man intern Vertrauen, dass das Storytelling nicht nur Plattitüde ist», so der Personalmarketer. «Nach aussen signalisiert man zudem, dass man im Gespräch bleiben will, um einen bleibenden Eindruck zu hinterlassen. Es ist ein bisschen wie bei Tausendundeine Nacht. Die Kunst besteht darin, den Erzählfaden nicht abreissen zu lassen.» Also: Verzaubern Sie Ihre Zielgruppen mit Geschichten. Am besten mitten aus dem Leben.

Florian Schrodt, Leiter Personalmarketing VBZ

Praxisbericht «Der Chef bewirbt sich»

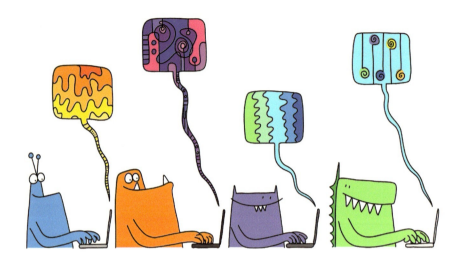

Jeder ein Kolumnist

Manche Firmen setzen intern auf Memos statt auf perfekt designte Powerpoint-Präsentationen. Die Begründung: Ein klar formuliertes Memo legt den Fokus auf die Erklärung der Idee anstatt auf das Design der Slides. Ein möglicher Einstieg, um diese Art der internen Kommunikation zu fördern, bietet ein Mitarbeitenden-Blog, der als digitaler Marktplatz für Ideen und Meinungen dient. Probieren Sie es aus! Sie werden über das Expertenwissen der Mitarbeitenden und Führungskräfte staunen.

Ziel

Ideenaustausch und gegenseitiges Verständnis fördern; Meinungen schärfen; abteilungsübergreifende Kommunikation verstärken

Zutaten

- Blog-Plattform
- Blog-Beiträge
- Mitarbeitende, die ihre Meinungen kundtun
- Blog-Redaktor

Zubereitung

1. Ernennen Sie jemanden aus Ihrer Kommunikationsabteilung zum Blog-Redaktor.

2. Entscheiden Sie sich für eine geeignete Blog-Plattform (z. B. Wordpress)

3. Stellen Sie sicher, dass erste brisante Artikel bereits vor der Lancierung auf dem Blog publiziert sind.

4. Infomieren Sie alle Mitarbeitenden über den neuen Kommunikationskanal und die Publikationsregeln.

5. Integrieren Sie den Link zum Blog auf der Hauptseite Ihres Intranets.

Tipp

- Überlegen Sie sich, ob die besten Inhalte auch extern verwendet werden können, beispielsweise für die Rekrutierung.

- Stellen Sie eine einfache Registrierung und Publikation von Inhalten sicher.

Jeder ein Kolumnist — 83

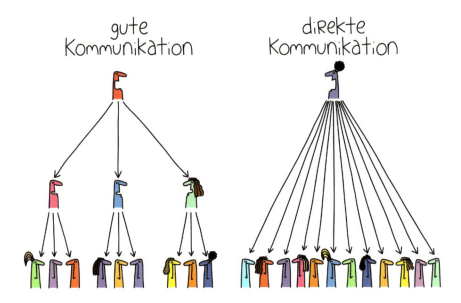

Geschäftsleitungs- protokolle für alle

In Unternehmen werden täglich dutzende von Entscheidungen gefällt. Zur Entscheidungsfindung dienen neben der Unternehmensstrategie und den vereinbarten Zielen nicht zuletzt Informationen seitens der Geschäftsleitung (GL). Wäre es nicht wünschenswert, wenn Letztere auf dem schnellsten Weg zu den Mitarbeitenden gelangen würden? Denn oft bleiben diese auf einer der vielen dazwischenliegenden Hierarchiestufen parkiert oder aber die Informationen kommen an, jedoch nicht sinngemäss. Machen Sie es in Ihrem Unternehmen anders!

Ziel

Firmenentscheide schnell kommunizieren; wichtige Informationen teilen; Qualität der Entscheide verbessern

Zutaten

- Vertrauen der Geschäftsleitung in die Mitarbeitenden
- GL-Sitzungen
- GL-Protokolle
- Zentrales Ablagesystem

Zubereitung

1. Prüfen Sie in der Geschäftsleitung die umgehende Weitergabe des GL-Protokolls.

2. Definieren Sie eine Protokollstruktur, die sinnvoll und nachvollziehbar ist.

3. Bestimmen Sie eine Person, welche die Protokolle so verfasst, dass die Inhalte verständlich und eindeutig sind.

4. Stellen Sie sicher, dass die Protokolle vor der Veröffentlichung durch eine zweite Person geprüft werden.

5. Publizieren Sie jeweils das aktuellste Protokoll firmenintern.

Tipp

- Es gibt Firmen, die zusätzlich in jeder GL-Sitzung einen Mitarbeitenden als Gast einladen. Interessierte können sich in einer Liste eintragen: First come, first served.

Der Firma ein Gesicht schenken

Arbeiten Sie in einer Grossfirma oder sind die Mitarbeitenden auf mehrere geografische Standorte verteilt? Geben Sie Ihrer Firma ein Gesicht! Lancieren Sie ein internes Fotoprojekt und porträtieren Sie alle Mitarbeitenden an ihrem Arbeitsplatz.

Ziel

Zusammengehörigkeitsgefühl stärken

Zutaten

- Fotokamera
- Interviewfragen
- Koordinationsstelle
- Publikationsmedium

Zubereitung

1. Fordern Sie jedes Team auf, sich gegenseitig am Arbeitsplatz zu fotografieren, wobei der Fotograf dem Porträtierten zusätzlich zwei persönliche Fragen stellen muss.

2. Reichen Sie alle Fotos und die dazugehörigen Zitate der Mitarbeitenden bei der Koordinationsstelle ein.

3. Bestimmen Sie ein Publikationsmedium (Firmenmagazin, Intranet) und publizieren Sie regelmässig die Fotografien zusammen mit den Zitaten.

Tipp

- Kreieren Sie ein grosses Mosaikbild mit allen Fotografien und hängen Sie es in Ihren Geschäftsstellen auf.

- Besuchen Sie zur Inspiration die Websites «Humans of New York» oder «InsideOut-Project».

- Eignet sich auch als Inhalt für ein Firmenkulturbuch (siehe Rezept «Kultur in Bild und Schrift» auf Seite 112).

Erfolgsgeschichten teilen

Täglich tauschen wir uns mündlich und schriftlich im Unternehmen aus. Dabei setzen viele den Fokus auf Schwierigkeiten, verpasste Fristen und Fehler. Doch bei dieser Problemjagd gehen die kleinen Erfolgsgeschichten des Arbeitsalltags schnell vergessen. Dabei sorgen gerade Erfolgsgeschichten für eine gute Stimmung im Team. Feiern Sie deshalb ganz bewusst nicht nur die grossen, sondern auch die kleinen Erfolge!

Ziel

Das Positive im Unternehmen stärken; Ideen- und Erfahrungsaustausch im Team

Zutaten

- Whiteboard und/oder Blog
- Erfolgsgeschichten
- Erstkommentar und Followers

Zubereitung

1. Stellen Sie sicher, dass das Management von Anfang an die Idee trägt und den Fokus auf das Positive auch im Führungsalltag vorlebt.

2. Diskutieren Sie intern, wo die Erfolgsgeschichten publiziert werden sollen. Auf einem Blog oder doch lieber auf einem Whiteboard in der Kaffee-Ecke?

3. Bestimmen Sie je nach Medium eine verantwortliche Person, welche den Blog resp. das Whiteboard unterhält.

4. Informieren Sie die Belegschaft über die Idee, den Hintergrund und die Publikationsregeln (wie oft, Sprache, Dos and Don'ts).

5. Bereiten Sie eine Auswahl der Erfolgsgeschichten in einem Buchband auf und verschenken Sie es an Mitarbeitende und allenfalls auch an Kunden und Partner.

Tipp

- Zu Beginn sollte die verantwortliche Person den Austausch etwas moderieren resp. die Inhalte sicherstellen.

- Allenfalls können Sie die Aktion zeitlich begrenzen und zu einem späteren Zeitpunkt wiederholen.

Erfolgsgeschichten teilen

Postfinance VNTR: Aus Fehlern lernen und Erfolgsgeschichten schreiben

VNTR Innovation & Venturing von PostFinance treibt Innovationen voran und entwickelt ausserhalb des Kerngeschäfts der PostFinance Geschäftsfelder und -modelle der Zukunft.

Wie kam es zum «Failbook»?
Unsere erste Version des Failbook haben wir vor etwas weniger als drei Jahren herausgebracht, mit dem Ziel, das Scheitern zu entstigmatisieren und unsere Fehlerkultur zu verbessern. Jeder neue Mitarbeitende erhält beim Start ein Failbook. Die Idee entstand in den PostFinance-Innovationsteams als Pendant zu den sogenannten Fuck-up Nights, einem Eventformat, wo Redner über Fuck-ups, also Misserfolge, berichten. Wir stellten fest, dass wir aus unseren Fehlern einerseits sehr viel lernen können und dass Fehler oftmals die Grundlage für einen späteren Erfolg bilden können. Fehler gehören also zum Erfolg dazu, ganz im Sinne von «Succeed or Learn!». Deswegen beschlossen wir ein Failbook zu erstellen, um systematisch Lehren aus unseren Fehlern zu ziehen und so die Innovationsgrundlage für zukünftigen Erfolg zu legen. Zunächst testeten wir diese Idee intern und haben 500 Exemplare des Buches drucken lassen. Als wir das Failbook dann bei Vorträgen an Universitäten und Fachhochschulen erwähnten, erreichten uns immer mehr Anfragen auch von ausserhalb für das Buch, so dass wir weitere 2000 Stück nachbestellen mussten.

Warum habt ihr danach ein «Successbook» erstellt?
In den Innovationsteams von PostFinance gab es viele Diskussionen: Wann ist eine Innovation ein Erfolg? Wann nicht? Und zählt Gelerntes auch schon als ein Erfolg? Schliesslich sind wir im Successbook einerseits unseren erfolgreichsten Innovationsprojekten wie beispielsweise Twint auf den Grund gegangen, andererseits haben wir 72 Expertenmeinungen aus unserem Innovationnetzwerk zu diesen Fragen gesammelt. Wir wollten hauptsächlich verstehen, ob sie gleiche oder auch andere Antworten als wir auf diese Fragen haben. Im Successbook haben wir also erfolgreiche Innovationsprojekte vorgestellt und sind gleichzeitig auch auf Missverständnisse und Mythen rund um das Thema Erfolg eingegangen. Auch den Erfolgsfaktoren für Innovationsprojekte haben wir ein separates Kapitel gewidmet. Rückblickend war das Buchprojekt zwar viel Arbeit, aber wir wollten den zahlreichen wertvollen Antworten, die wir gesammelt haben, genügend Raum geben.

Würdest Du es trotz der vielen Arbeit nochmals tun?
Ja, aber wir haben den Aufwand massiv unterschätzt. Das Projekt ist viel umfassender geworden als gedacht. Es war ein grosser Aufwand, die Antworten der Experten zu kuratieren. Über 100 Personen mussten koordiniert werden: die 72 Experten und dann jeweils circa zwei Personen pro erfolgreiches Innovationsprojekt, von denen wir neun im Buch vorstellen.

Was würdest Du jemandem empfehlen, der ein ähnliches Vorhaben plant?
Ich würde empfehlen das Vorhaben möglichst strukturiert anzugehen und dazu raten, unbedingt ein Projektmanagementtool zu nutzen, einen Zeitplan zu erstellen und Reviews einzuplanen. Am besten geeignet als Projektmanagementmethode wäre wohl eine Mischung aus Wasserfall und agilem Projektmanagement.

Welche Lehren ziehst Du aus diesem Projekt?
Erfolg und Scheitern liegen sehr nah beieinander. Aus Scheitern kann man lernen, es bildet die Grundlage für Erfolg. Mit Blick auf Erfolgsgeschichten ist es wichtig zu wissen, dass auch hier nicht alles nach Plan läuft und manchmal umgelenkt werden muss. Bei der Umsetzung des Projekts hat der Open-Innovation-Ansatz überzeugt. Der Erfolg und das positive Feedback haben uns überrascht. Viele Kollegen sind von sich aus auf uns zugekommen und haben ihre Unterstützung angeboten. Auch die Geschäftsleitung hat deutlich signalisiert, dass sie unser Vorhaben mitträgt.

Würdest Du es anderen Firmen empfehlen, ebenfalls so ein Projekt umzusetzen?
Unbedingt! Es ist ein Prozess, der Unternehmen mit Blick auf Innovationen sehr hilft. Jedes Unternehmen kennt Erfolg und Scheitern. Damit sollte man sich auseinandersetzen und sich überlegen, was Erfolg und Scheitern für die eigene Unternehmung ausmachen.

David Reichenau, Innovation Manager, VNTR, PostFinance

Praxisbericht «Erfolgsgeschichten teilen»

Sharing is Caring

Haben Sie schon einmal von einer Disco-Kugel geträumt, aber sich nicht getraut, eine neue zu kaufen? Viele Gegenstände in Büro und Haushalt stehen neunundneunzig Prozent der Zeit ungenutzt herum. Wieso also nicht eine firmeninterne Tauschbörse organisieren?

Ziel

Teilen und kollaboratives Denken fördern; abteilungsübergreifender Austausch

Zutaten

- Webbasierte Tauschbörse oder einfache Excel-Liste
- Anbieter und Abnehmer von Gegenständen
- Spielregeln

Zubereitung

1. Infomieren Sie die Mitarbeitenden per E-Mail, Flyer in der Kaffee-Ecke oder Intranetaufruf über das Projekt und stellen Sie es in der Firma vor.

2. Setzen Sie eine Excel-Liste oder Online-Buchungsplattform auf.

3. Starten Sie mit einem internen Kick-off-Event und betten Sie das Thema in einen Kontext ein (z.B. Teilen ist nachhaltig und macht Freude).

4. Richten Sie einen «Sharing-Point» ein, an dem sich die Mitarbeitenden treffen und ihre Objekte übergeben können.

Tipp

- Überlegen Sie sich, mit welchen begleitenden Massnahmen die Tauschbörse eingeführt werden soll (z.B. Veranstaltungsreihe zum Thema Sharing Economy).

- Gehen Sie mit gutem Beispiel voran und laden Sie am Anfang gleich selbst ein paar Tauschobjekte hoch.

Sharing is Caring — 93

Ein authentischer Firmenauftritt

In der Rekrutierung legen Sie Wert darauf, dass die Kandidaten menschlich und kulturell zu Ihrem Unternehmen passen. Mit einem inspirierenden Firmenvideo, in welchem Mitarbeitende, Arbeit und Kultur vorgestellt werden, wecken Sie Neugier und ziehen diejenigen Bewerber an, die genau die Richtigen für Ihr Unternehmen sind.

Ziel

Schärfen des Unternehmensprofils; die «richtigen» Mitarbeitenden finden; Nutzung moderner Medien in der Rekrutierung

Zutaten

- Stolze Mitarbeitende, die mit Freude im Video mitmachen
- Storyboard
- Videokamera
- Einen Mitarbeiter oder eine Mitarbeiterin mit Flair fürs Filmen
- Fachperson für den Final Cut und Ton

Zubereitung

1. Die Idee im Team besprechen und einen Konsens finden. Lassen Sie sich durch Videos anderer Firmen inspirieren.

2. Bestimmen Sie Szenen, welche Sie und Ihr Team möglichst gut und authentisch zeigen.

3. Ziehen Sie filmaffine Mitarbeitende aus dem Team oder einer Werbeagentur bei.

4. Klappe, die Erste. Jetzt wird gefilmt!

5. Schneiden, vertonen und ab ins Web.

Tipp

- Selber filmen und von einer Fachperson schneiden und vertonen lassen.
- Authentisch bleiben.

Bewertung
Planung oooo
Umsetzung ooo
Kosten oooo

Ein authentischer Firmenauftritt

Start-Stop-Continue

Anstatt nur darüber zu sprechen, was gut oder schlecht lief, ist es oft hilfreicher zu fragen: Womit sollten wir beginnen (start)? Womit müssen wir aufhören (stop)? Und was sollten wir fortführen (continue)? Dieses Format wird oftmals im agilen Projektmanagement angewendet, kann aber in allen Berufs- und Lebenslagen eingesetzt werden, um in kleinen Schritten iterativ Verbesserungen zu erzielen.

Ziel

Feedbackkultur stärken, systematische Verbesserungen erzielen

Zutaten

- Pinnwand oder Miroboard (online)
- Post-it-Blöcke und Stifte

Zubereitung

1. Unterteilen Sie eine Pinnwand oder ihr Miroboard in drei Spalten und benennen Sie sie mit «Start», «Stop» und «Continue».

2. Laden Sie alle Beteiligten, von denen Sie Feedback zu einem bestimmten Projekt oder Prozess erhalten möchten, zu einer Start-Stop-Continue-Session ein.

3. Bitten Sie alle Teilnehmenden auf Post-it-Zettel aufzuschreiben, was man starten oder einführen soll, womit man aufhören könnte und was gut ist und daher unbedingt fortgeführt werden soll.

4. Bitten Sie die Teilnehmenden, ihre Zettel in die entsprechende Spalte zu kleben.

5. Gruppieren Sie ähnliche Themen beieinander. Diskutieren Sie anschliessend mit allen Teilnehmenden die Feedbacks, die Sie aus der Übung gewonnen haben.

Tipp

- Wenden Sie dieses Format regelmässig an. Dadurch kann sich Start-Stop-Continue richtig etablieren.

- Neues Einführen, also die Start-Spalte, sollte nicht zu dominant werden. Weglassen oder Fortführen lässt sich einfacher bewältigen.

Das Firmenmotto im Grossformat

Die meisten Visionen, Missionen oder Werte stehen in einer Mitarbeiterbroschüre oder irgendwo auf der Firmenwebsite. Engagieren Sie einen Künstler und lassen Sie eine Aussenwand oder eine der vielen weissen Innenwände des Firmengebäudes mit dem Firmenmotto gestalten. Machen Sie sichtbar, wofür sich die Menschen in Ihrer Firma Tag für Tag einsetzen.

Ziel

Mission, Vision und Werte verankern; Sinn stiften

Zutaten

- Glaubhafte Werte, inspirierende Mission und klare Vision
- Künstler oder Maler
- Malfarbe und Pinsel
- Hausfassade, Bürowand oder Korridor

Zubereitung

1. Klären Sie bei der zuständigen Stelle (Amtsstelle oder Vermieter) ab, ob Sie die Fassade Ihres Firmengebäudes bemalen oder beschriften dürfen.

2. Einigen Sie sich, was Sie auf der Wand haben möchten – Vision, Mission, Werte oder gleich alle drei?

3. Besprechen Sie das Vorhaben mit einem Künstler oder Maler und lassen Sie sich Konzepte und Budget vorschlagen.

4. Entscheiden Sie sich für eine Variante und erteilen Sie den Auftrag.

5. Feiern Sie das Kunstwerk.

Tipp

- Organisieren Sie eine Abstimmung mit allen Mitarbeitenden, um den beliebtesten Vorschlag auszuwählen.

- Fotografieren Sie die bemalte Wand und stellen Sie Postkarten oder Poster her.

Bewertung
Planung ooo
Umsetzung ooo
Kosten ooo

Gapingvoid: Die Unternehmenskultur skalieren

Ihr habt alle Illustrationen in diesem Buch gestaltet und Organisationen wie Microsoft, Roche und die US Air Force zu ihrer Unternehmenskultur beraten. Wie hilft Gapingvoid Unternehmen dabei, ihre Organisationskultur zu skalieren?
Wir beschreiben uns selbst als Culture-Design-Firma. Was wir bei Gapingvoid tun, ist, die Organisationskultur ganzheitlich zu erfassen und wo gewünscht auch zu entwickeln. Wir begreifen eine Unternehmenskultur als ein soziales Betriebssystem, dass sich aus Sprache, Sinn und Denkmustern zusammensetzt, wobei wir ein Modell anwenden, das wir zusammen mit dem Verhaltenswissenschaftler BJ Fogg an der Stanford University entwickelt haben. Es besagt, dass die Verbreitung von neuen Ideen eine ständige Wiederholung und Sozialisierung unter Mitarbeitenden, Partnern und Kunden erfordert. Um das zu erreichen, unterstützen wir Organisationen beim Design ihrer Unternehmenskultur, wobei die Illustrationen, also die Gestaltung der Zeichen und Symbole, welche die Sprache, Sinn und Denkmuster visualisieren, nur ein Teil unserer Arbeit ist.

Was sollte jemand beachten, der einen Kulturwandel in seiner Organisation plant?
Wenn man einen kulturellen Wandel plant, wird oft versucht, die Verhaltensweisen der Belegschaft durch Schulungen zu ändern. Mitarbeitenden zu sagen, was sie zu tun oder zu lassen haben, führt aber selten zu einer nachhaltigen Transformation der Unternehmenskultur. Viel effektiver ist es, wenn es einer Organisation gelingt, das Mindset der Mitarbeitenden zu beeinflussen, indem man ihnen und ihrer Arbeit einen anderen Sinn gibt und sie für eine neue Stossrichtung inspiriert.

Wie kann man das Mindset einer ganzen Organisation verändern?
Kulturwandel bedeutet die Neu- oder Umgestaltung eines komplexen sozialen Betriebssystems, das bestimmt, wie die Menschen ihre Arbeit sehen, wie sie arbeiten und was ihre grundlegende Motivation dafür ist. Ich glaube, dass es bei der Kultur eines Unternehmens primär um dessen Sinn, also um die Raison d'être der Organisation geht, und darum, wie die Mitarbeitenden dazu beitragen können. Um das vorherrschende Mindset in einer Organisation proaktiv zu beeinflussen, muss die Führung herausfinden, was ihre Mitarbeitenden dazu motiviert, sich für das Unternehmen einzusetzen. Dieser übergreifende, höhere Sinn sollte

in allen strategischen Überlegungen rund um den beabsichtigten Kulturwandel einbezogen werden.

Haben Sie ein Beispiel, das konkret zeigt, wie man so einen Wandel gestaltet?
Ein gutes Beispiel ist die 1,7 Milliarden US-Dollar schwere Transformation von Microsoft, die wir mit unterschiedlichen Beratungsdienstleistungen unterstützt haben. Als der frühere CEO Steve Ballmer ging, war Microsoft als Unternehmen angeschlagen. Sein Nachfolger, der heutige CEO Satya Nadella, wandte für die Transformation der Unternehmenskultur vier Prinzipien an:

1. Die Führungskräfte früh involvieren und in Co-Kreation mit der Belegschaft eine neue Unternehmenskultur gestalten.
2. Skeptiker frühzeitig identifizieren und immerzu Storytelling nach innen und aussen betreiben, um das Narrativ für die Transformation zu verstärken.
3. Die Personalmanagementprozesse an die Wunschkultur anpassen.
4. Die Prinzipien der transformationalen Führung konsequent anwenden.

Haben Sie noch einen abschliessenden Rat für alle, die ihre Unternehmenskultur nachhaltig und erfolgreich transformieren wollen?
Die Idee, eine Unternehmenskultur als ein soziales Betriebssystem der Organisation zu begreifen, das laufend gemanagt werden muss, ist neu. Die meisten Führungskräfte konzentrieren sich lediglich auf das Mitarbeiterengagement. Dabei ist die Kraft einer bewusst gestalteten Organisationskultur viel mächtiger. Mein Rat ist also, die Unternehmenskultur ganzheitlicher zu sehen, denn darin liegt der Schlüssel zu nachhaltig exzellenten Arbeitsergebnissen und einer Best-in-class-Performance.

Jason Korman, CEO & Co-Founder von Gapingvoid

Praxisbericht «Firmenmotto im Grossformat»

Den Kunden überraschen

Geben Sie jedem Mitarbeitenden, der in direktem Kundenkontakt steht, ein kleines, aber feines Budget für spontane Kundengeschenke. Der Mitarbeitende kann selbst entscheiden, in welchem Fall ein Geschenk gemacht wird. Freuen Sie sich über die kreativen und einfallsreichen Kundenüberraschungen und anschliessend über die begeisterten Rückmeldungen seitens der Kundschaft.

Ziel

Kundenzufriedenheit steigern; Eigeninitiative fördern

Zutaten

- Budget für Kundengeschenke
- Geeigneter Anlass für eine Kundenüberraschung
- Kreativität
- Einfache Spielregeln

Zubereitung

1. Diskutieren Sie die Idee mit jenen Führungskräften, welche Teams führen, die direkten Kundenkontakt haben.

2. Stellen Sie einen Teil des Marketingbudgets für Kundengeschenke zur Verfügung.

3. Legen Sie den Höchstbetrag pro Kundengeschenk fest.

4. Informieren Sie Vorgesetzte und Teammitglieder über diese Möglichkeit der Kundenpflege.

5. Teilen Sie die Rückmeldungen seitens der Kundschaft dem Team mit. Lassen Sie die Geschenkideen durch die jeweiligen Kreativen präsentieren.

Tipp

- Publizieren Sie die kreativsten Einfälle und schönsten Kundenrückmeldungen in einem firmeninternen Blog.
- Kreieren Sie einen Mitarbeiter-Award für die beste Kundenüberraschung des Jahres.

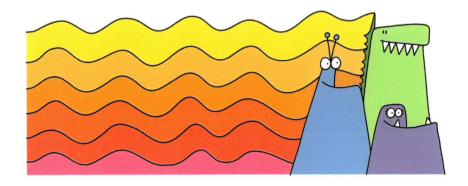

Im gleichen Takt

Sie können es drehen und wenden, wie Sie wollen: am Schluss entscheidet die Leistung Ihrer Teams, wie erfolgreich Sie als Unternehmen sind. Leistungsstarke Teams richten sich regelmässig an den anstehenden Aufgaben und Herausforderungen aus, überprüfen mindestens einmal im Jahr sowohl den Teamzweck als auch ihre Aufgaben und reflektieren den Umgang miteinander sowie die Art und Weise, wie Arbeiten angegangen und erfolgreich bewältigt werden.

Ziel

Zusammenarbeit optimieren; Höchstleistung ermöglichen

Zutaten

- Teamworkshop
- Moderator
- Aufgaben und Herausforderungen
- Teamregeln
- Themenkatalog
- Kontrolle

Zubereitung

1. Holen Sie bei der Geschäftsleitung das Commitment ab, dass Ihre Firma auf Teamarbeit setzt.

2. Bilden Sie eine Projektgruppe zur Durchführung des Teamworkshops.

3. Bestimmen Sie pro Team einen Moderator und schulen Sie diesen bezüglich Rolle, Aufgaben und Methoden.

4. Informieren Sie die Belegschaft und kommunizieren Sie klar die Motivation, wieso dieser Workshop so wichtig ist.

5. Die Vorgesetzten laden zum Workshop ein.

6. Besprechen Sie am Workshop
a) Sinn und Zweck des Teams,
b) die Teamaufgaben,
c) den Umgang miteinander.

7. Einigen Sie sich auf konkrete Verbesserungsmassnahmen.

Tipp

- Die Zustimmung aller Führungskräfte ist zentral.

- Haben Sie Geduld, der Effekt zeigt sich erst mittelfristig.

Bewertung
Planung ooo
Umsetzung ooo
Kosten o

Im gleichen Takt — 105

Visionboard

Goethe sagte einst: «Wenn der Geist auf eine Sache gerichtet ist, kommt ihm vieles entgegen.» Das menschliche Gehirn denkt in Bildern und strebt danach, besonders jene Dinge umzusetzen, die es als attraktiv wahrnimmt. Wenn Sie ambitiöse Firmenziele im Team gemeinsam erreichen wollen, erstellen Sie nach der Zielvereinbarung gemeinsam eine Collage, in der die Unternehmensziele visualisiert sind.

Ziel

Firmenvision und -ziele visuell kommunizieren; gemeinsames Verständnis fördern; Motivation stärken

Zutaten

- Vision, Strategie und Firmenziele
- Gratisaccount auf www.pinterest.com
- Bilder/Fotos
- Künstler

Zubereitung

1. Stellen Sie sicher, dass alle Mitarbeitenden Vision, Strategie und Ziele kennen.

2. Kommunizieren Sie allen Mitarbeitenden die Visionboard-Initiative.

3. Eröffnen Sie auf Pinterest (www.pinterest.com) einen Account und starten Sie eine für alle Mitarbeitenden zugängliche Sammlung von Bildern, die zu den Unternehmenszielen passen.

4. Übergeben Sie die gesammelten Bilder einem Künstler und lassen Sie eine Collage oder ein Bild anfertigen.

5. Hängen Sie das Kunstwerk an einem zentralen Ort im Unternehmen auf.

Tipp

- Organisieren Sie eine Einweihung, an der ein Geschäftsleitungsmitglied eine Rede über das Bild und die darin visualisierten Unternehmensziele hält.

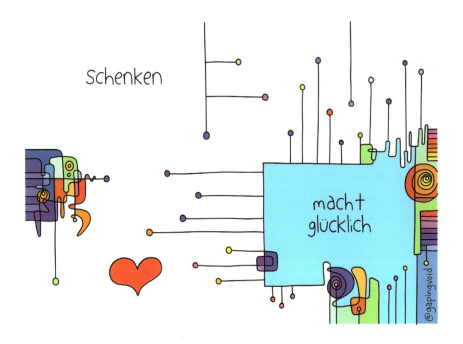

Gemeinsam Gutes tun

Schon William Shakespeare war der Meinung: «Wir sind dazu geboren, wohltätig zu sein.» Unterstützen Sie mit Ihrem Unternehmen eine Non-Profit-Organisation (NPO). Sammeln Sie Gebrauchsgegenstände oder Spenden oder bieten Sie jährlich eine fixe Anzahl Ihrer Produkte oder Dienstleistungen NPOs gratis an. Eine weitere Variante: Ermöglichen Sie Ihren Mitarbeitenden, jährlich einen oder mehrere bezahlte Arbeitstage für eine NPO zu verrichten.

Ziel

Gemeinschaftsdenken fördern, Gutes für die Gesellschaft und Umwelt tun; Sinnhaftigkeit im Arbeitsalltag stärker verankern

Zutaten

- Freude und Bereitschaft, etwas zu schenken
- Partnerschaften mit Non-Profit-Organisationen
- Gebrauchsgegenstände, Arbeitsstunden oder eigene Produkte
- Spielregeln

Zubereitung

1. Entscheiden Sie sich, in welcher Form Sie NPOs unterstützen möchten.

2. Etablieren Sie Partnerschaften mit geeigneten NPOs, die von Ihrer Spende oder Ihrem Beitrag besonders profitieren können.

3. Richten Sie in Ihrer Firma eine Sammelstelle und/oder ein System ein, um Produkte oder Arbeitsstunden zu spenden.

4. Ziehen Sie monatlich Bilanz und informieren Sie alle Mitarbeitenden regelmässig über das Projekt.

Tipp

- Veranstalten Sie monatliche «Do-Good Challenges» und setzen Sie sich als Firma oder im Team konkrete Ziele, zum Beispiel innerhalb eines Monats fünfzig Bücher an die lokale Bibliothek zu spenden.

- Prüfen Sie, ob Ihre Firma sich für die 1 % Pledge (www.pledge1percent.org) anmelden will. Es handelt sich dabei um eine internationale Initiative von grossen und kleinen Firmen, die 1 % ihres Profits, ihrer Arbeitszeit, ihres Kapitals oder ihrer gefertigten Produkte und Dienstleistungen einem guten Zweck spenden.

Bewertung
Planung ooo
Umsetzung ooo
Kosten oooo

Gemeinsam Gutes tun

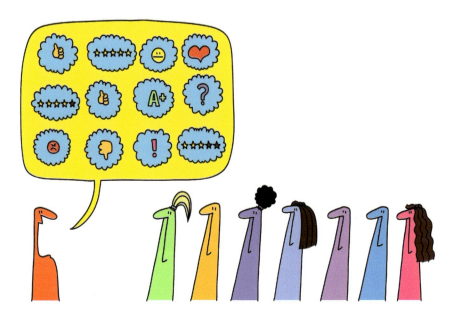

Kundenreaktionen publik machen

Zufriedene Kunden machen erfolgreiche Unternehmen und damit glückliche Mitarbeitende und umgekehrt. Wenn jeder Mitarbeitende versteht, wie das eigene Produkt oder die Dienstleistung beim Kunden wahrgenommen und bewertet wird, weiss auch jeder Mitarbeitende, wie er am besten zur Kundenzufriedenheit beiträgt. Sammeln Sie deshalb sämtliche Kundenreaktionen und teilen Sie diese mit allen Mitarbeitenden.

Ziel

Verbessertes Kundenverständnis; höhere Bereitschaft für organisatorische Veränderungen; zufriedene Kunden

Zutaten

- Kundenfeedbacks
- Zentrale Sammelstelle mit eigener E-Mail-Adresse
- Publikationsmedium
- Texter

Zubereitung

1. Schaffen Sie eine zentrale Stelle für sämtliche Kundenfeedbacks.

2. Mitarbeitende werden aufgefordert, jegliche Rückmeldungen seitens der Kunden – sowohl positive wie negative – der zentralen Stelle zu melden.

3. Ein Texter bereitet die eingegangenen Feedbacks auf und publiziert alle anschliessend in einem firmenweit zugänglichen Medium (Intranet, Firmenmagazin).

Tipp

- Mitarbeitende haben die Möglichkeit, Feedbacks zu bewerten (voting button).
- Monatlich oder quartalsweise werden Trends analysiert und kommuniziert.
- Erarbeiten Sie aufgrund der Rückmeldungen entsprechende Massnahmen.

Kultur in Bild und Schrift

Wie können Sie etwas Unfassbares wie eine Firmenkultur darstellen und greifbar machen? Das Firmenkulturbuch ist eine Antwort darauf. Jedes Jahr lädt der CEO, unterstützt durch ein Projektteam, alle Mitarbeitenden ein, in ein paar Sätzen oder Bildern zu beschreiben, wie sie die Kultur in ihrer Firma erleben und was sie ihnen bedeutet. Aus allen Einsendungen entsteht ein Buch, das stets daran erinnert, wofür tagtäglich gearbeitet wird.

Ziel

Unternehmenskultur fassbar machen und stärken

Zutaten

- Texte von allen Mitarbeitenden
- Fotos von Teamanlässen
- Grafiker
- Druckservice für das Firmenkulturbuch

Zubereitung

1. Stellen Sie ein Projektteam mit Vertretern aus möglichst vielen Abteilungen zusammen.

2. Senden Sie eine E-Mail an alle Mitarbeitenden, in der Sie über das Projekt informieren und sie zur Teilnahme einladen. Bitten Sie sie um einen Textbeitrag und Fotos von Teamanlässen.

3. Lassen Sie einen Grafiker alle eingesendeten Beiträge und Fotos zu einem Buch zusammenstellen.

4. Lassen Sie das Projektteam ein Titelbild auswählen und geben Sie das Buch in Druck.

5. Planen Sie einen Anlass zur Lancierung des Buches.

Tipp

- Verschickt der CEO die Informationen zur Teilnahme, steigt die Beteiligung erfahrungsgemäss.
- Überlegen Sie sich, ob Sie das Firmenkulturbuch auch an Kunden abgeben möchten.

Bewertung
Planung ooo
Umsetzung oooo
Kosten oooo

Zappos: Ein Manifest der Unternehmenskultur

Zappos.com ist ein Onlineshop für Schuhe und Kleidung. 2009 wurde das Unternehmen mit Sitz in Las Vegas, Nevada (USA), für 1,2 Milliarden US-Dollar an Amazon verkauft.

Wer hatte erstmals die Idee für das «Zappos Unternehmenskulturbuch»?
Die Idee entstand bei einem spontanen Treffen in einer Bar, als eine Gruppe von Mitarbeitenden über unsere Unternehmenskultur diskutierte und jemand in die Runde fragte, was denn die Zappos-Kultur für jeden bedeutete. Daraus entwickelte sich die Idee des «Kulturbuchs», in dem wir die Antworten jedes Mitarbeitenden auf ebendiese Frage sammeln. Das Buch haben wir 2004 zum ersten Mal in Druck gegeben; seither erstellen wir jedes Jahr ein neues.

Wie entsteht das Buch?
Unser IT-Team hat ein Programm entwickelt, um alle schriftlichen Antworten und eingereichten Fotos zu sammeln. Der Prozess beginnt damit, dass unser Gründer und CEO Tony Hsieh eine E-Mail an alle Mitarbeitenden mit einem Link zum Tool verschickt und um einen Beitrag zum diesjährigen Kulturbuch bittet. In der Regel beteiligen sich rund fünfundneunzig Prozent. Denn jeder will im Unternehmenskulturbuch sein.

Gibt es Vorgaben, welche die Mitarbeitenden beachten müssen?
Alle können anonym oder unter ihrem Namen so wenig oder so viel schreiben, wie sie möchten. Die einzige Regel lautet, dass man die eigene Aussage des letzten Jahres nicht mehr lesen darf. Dies, weil wir nur die aktuelle Perspektive festhalten möchten.

Wer entscheidet, welche Aussagen in das Kulturbuch aufgenommen werden und welche nicht? Wer produziert das Buch?
Das Buch ist eine komplette Inhouse-Produktion. Was den Inhalt angeht, so veröffentlichen wir jede eingereichte Aussage unverändert. Lediglich die Grammatik passen wir wo nötig an. Folglich finden Sie in unserem Kulturbuch alles: vom Ekstatischen bis hin zum Negativen. Und das ist völlig in Ordnung so, denn einer unserer Kernwerte lautet, eine offene und ehrliche Kommunikation zu pflegen.

Wie viele Bücher drucken Sie jährlich? Bekommt jeder Mitarbeitende eines?

Wir haben über tausendfünfhundert Mitarbeitende und alle bekommen ein Buch geschenkt. Die Anzahl jährlich gedruckter Exemplare liegt zwischen fünfzehntausend und zwanzigtausend. Sie ist unter anderem deshalb so hoch, weil wir unser Kulturbuch innerhalb der USA kostenlos an alle schicken, die eines möchten: Partner, Lieferanten, Kunden und andere Interessenten.

Welche Wirkung hat das Buch auf die Belegschaft?

Das Kulturbuch ist ein bisschen wie ein High-School-Jahrbuch; darin wird festgehalten, was im vergangenen Jahr passiert ist und wer dabei war. Es ist sozusagen ein sich ständig aktualisierendes Manifest unserer Firmenkultur. Es zu lesen, motiviert ungemein und spornt an, aktiv zur Zappos-Kultur beizutragen. Denn viele der Geschichten sind persönlich und erzählen von witzigen, schönen oder herzerwärmenden Erfahrungen mit anderen Teammitgliedern. Die Fotos unterstreichen und verdeutlichen die im Arbeitsalltag gelebte Kultur zusätzlich.

Welchen Tipp würden Sie jemandem geben, der ein Kulturbuch in seiner Firma erstellen möchte?

Es ist wichtig, dass die Mitarbeitenden während des gesamten Prozesses ihre Meinung äussern dürfen und auch in die Gestaltung einbezogen werden. So gibt es bei uns immer mehrere Cover-Designs, über welche unsere Mitarbeitenden online abstimmen. Generell sollte ein Firmenkulturbuch so weit wie möglich als «Belegschaftsprojekt» umgesetzt werden.

Jonathan Wolske, «Culture Evangelist» bei Zappos Insights

Praxisbericht «Kultur in Bild und Schrift»

Unternehmertum dank mehr Transparenz

Wünschen Sie sich, dass Ihre Mitarbeitenden unternehmerisch denken? Dann geben Sie ihnen die Mittel dazu, indem Sie ihnen Einsicht in die finanziellen Kennzahlen gewähren. Wenn jeder Mitarbeitende die Kosten- und Ertragsstruktur des Unternehmens versteht, erhöht sich das unternehmerische Denken, da die betriebswirtschaftlichen Zusammenhänge nun allen klar sind. Denken Mitarbeitende erst einmal unternehmerisch, werden sie kostenbewusster und bestenfalls sogar die eine oder andere neue Einnahmequelle für die Firma erschliessen.

Ziel

Unternehmerisches Denken fördern; Verantwortung übertragen; Transparenz schaffen

Zutaten

- Aufwand- und Ertragsdaten monatlich oder projektbezogen veröffentlichen
- Faires und transparentes Geschäftsmodell
- Gegenseitiges Vertrauen

Zubereitung

1. Besprechen Sie die Idee mit Ihrem Finanzverantwortlichen.

2. Bestimmen Sie, welche Daten publiziert werden können.

3. Informieren Sie die Mitarbeitenden über Sinn und Zweck dieser Massnahme.

4. Sprechen Sie an den gemeinsamen Sitzungen regelmässig über die wichtigsten Kennzahlen.

5. Geben Sie jedem, der es wünscht, Einsicht in die Buchhaltung.

Tipp

- Muss das Vertrauen erst aufgebaut werden, kann bei Einsicht eine Geheimhaltungserklärung unterzeichnet werden.

- In börsenkotierten Unternehmen könnte man die Einsicht in Abteilungs- oder Projektbilanzen ermöglichen.

Kenne deinen Kunden

Im Berufsalltag spricht man ständig von den Bedürfnissen des Kunden, die es zu befriedigen gilt. Doch wie sehen diese Kunden und Bedürfnisse konkret aus? Um ein besseres Verständnis zu schaffen, sollte jeder Mitarbeitende mindestens einmal jährlich die Gelegenheit zu persönlichem Kontakt mit den Kunden haben. Denn was könnte inspirierender sein, als die Freude an einem Produkt oder einer Dienstleistung im Gesicht eines zufriedenen Kunden zu sehen?

Ziel

Erhöhung des Kundenverständnisses; verbesserte Akzeptanz von Kundenwünschen; höhere Zustimmung bei Projekten, welche die Verbesserung der Produkt- und Servicequalität anstreben

Zutaten

- Kunden
- Interessierte Mitarbeitende ohne Kundenkontakt
- Kundenanlass oder Kundenaktion

Zubereitung

1. Besprechen Sie in einer Arbeitsgruppe, wie der persönliche Kontakt zwischen Mitarbeitenden und Kunden hergestellt werden kann: zum Beispiel durch die Teilnahme an Messen, Kundenevents, Tag der offenen Tür, Kundenbesuche oder Kundenbefragungen.

2. Informieren Sie die Führungskräfte und anschliessend die ganze Belegschaft über die geplanten Massnahmen.

3. Sammeln Sie zentral die Namen interessierter Mitarbeitender und teilen Sie diese den jeweiligen Aktionen zu.

4. Befragen Sie die Mitarbeitenden über ihre Erfahrung und mögliche Verbesserungsvorschläge.

Tipp:

- Kundenkontakt wird Teil des Einführungsprogramms für neue Mitarbeitende.

Bewertung
Planung ooo
Umsetzung oo
Kosten oo

Wisdom of the Crowd

Geben Sie jedem Mitarbeitenden die Chance, intern als Mentor zu agieren oder umgekehrt die Unterstützung anderer anzufordern. Jeder Mitarbeitende kann jederzeit eine «Wisdom of the Crowd»-Sitzung organisieren, an der er ein aktuelles Problem aus seinem Aufgabenbereich präsentiert und dann alle Teilnehmer um Rat und Lösungsvorschläge bittet. Je nach Firmengrösse sind diese Sitzungen für die ganze Belegschaft oder nur für einzelne Abteilungen zugänglich.

Ziel

Wissenstransfer stärken, abteilungsübergreifende Zusammenarbeit fördern

Zutaten

- Sitzungsraum
- Spielregeln
- Mitarbeitende, die gerne unterstützen und ihr Wissen weitergeben möchten

Zubereitung

1. Bestimmen Sie die Spielregeln der Crowd-Wisdom-Sitzungen: Ankündigung, Dauer, Anzahl Sitzungen pro Woche etc.

2. Informieren Sie alle Mitarbeitenden über Sinn und Zweck dieses neuen Formats.

3. Organisieren Sie gezielt ein paar erste interne Crowd-Wisdom-Sitzungen zu aktuellen Problemen.

4. Legen Sie fest, auf welchen Kanälen Crowd-Wisdom-Sitzungen angekündigt werden.

Tipp

- Falls Sie eine Vorlage für einen Moderationsstruktur suchen, googlen Sie nach «kollegiale Fallberatung».

- Überlegen Sie sich, ob Sie das Format regelmässig durchführen können, z.B. jeweils am dritten Donnerstagmorgen des Monats.

- Es sollen nur diejenigen mitmachen, die sich angesprochen fühlen (kein Zwang).

Mobility: Miteinander lernen dank Führungszirkeln

Mobility Carsharing Schweiz stellt ihren 245 000 Kunden 3120 Fahrzeuge an 1530 Standorten in der Schweiz rund um die Uhr zur Verfügung. Das Unternehmen beschäftigt zurzeit zweihundertzwanzig Mitarbeitende und hat seinen Hauptsitz in Rotkreuz.

Was muss man sich unter einem Führungszirkel bei Mobility vorstellen?

Das Ganze steht unter dem Motto «Miteinander lernen». In den Führungszirkeln werden aktuelle Führungssituationen abteilungs- und hierarchieübergreifend angesprochen, reflektiert und mögliche Lösungsansätze gemeinsam entwickelt. Es gibt vier Führungszirkel bei Mobility, wobei jede Gruppe aus sieben bis acht Personen besteht. Jede Führungskraft ist einem dieser vier Zirkel zugeteilt, wobei es zwei Regeln gibt: Es dürfen keine direkten Vorgesetzten in der gleichen Gruppe sein und die Geschäftsleitungsmitglieder werden auf alle vier Zirkel verteilt. Jeder Zirkel trifft sich mindestens zweimal pro Jahr für je einen halben Tag an unserem Hauptsitz in Luzern.

Wieso haben Sie sich entschieden, Führungszirkel einzuführen?

Seit neunzehn Jahren führen wir jährlich einen zweitägigen Führungsworkshop durch. Aus dieser Struktur des Führungsworkshops heraus trafen wir dann vermehrt auf die Frage: Wie können wir Führungsgrundsätze nachhaltig im Alltag nachleben? Vor vierzehn Jahren haben wir als Antwort darauf zwei Instrumente geschaffen: einerseits die Führungszirkel, andererseits das Buddy-System, bei welchem zwei Führungskräfte einander zugeordnet werden und sich im informellen Rahmen ein paar Mal im Jahr austauschen und gegebenenfalls unterstützen.

Wie muss man sich den Ablauf eines Führungszirkeltreffens vorstellen?

Grundsätzlich geschieht der Einstieg über die konkreten Fälle, die beim letzten Führungszirkel besprochen wurden. Der Fallgeber erläutert in wenigen Sätzen, was in der Zwischenzeit passiert ist. Danach kann jeder Teilnehmende ein aktuelles Führungsthema einbringen. Häufig ist es so, dass die Gruppe mehr Themen als Zeit hat und man priorisieren muss. Ist die Auswahl erfolgt, schildert der Fallgeber kurz die Situation. Daraufhin erfragt der Moderator, sofern nötig, weitere Details und versucht, die Schlüsselfrage herauszuarbeiten. Die anderen Führungskräfte beraten den Fallgeber, der in dieser Phase nur zuhört. Erst am Schluss sagt er, was er aus der Beratungsdiskussion mitnimmt.

Wie bilden Sie die Moderatoren aus?
Sie durchlaufen eine ganztägige Ausbildung, in der sie sich diverse Moderationsmethoden aneignen. Zudem tauschen wir uns jährlich einmal intensiv aus und evaluieren, was gut läuft bzw. was verbessert werden kann.

Was ist der Vorteil von Führungszirkeln?
Mit den Zirkeln bieten wir unseren Führungskräften Raum und Zeit, um auf der Meta-Ebene die Führungstätigkeit zu reflektieren und sich auszutauschen.

Welches sind die Grenzen eines Führungszirkels?
Die grösste Herausforderung liegt in der Überwindung gewisser Hemmschwellen. Ein Beispiel: Wenn ein Geschäftsleitungsmitglied und jemand aus einer dezentral arbeitenden mittleren Führungsstufe im gleichen Zirkel anwesend sind, dann ist der Austausch aufgrund des fehlenden Kontakts und der oft unterschiedlichen Problemstellungen etwas gehemmt. Trotz des Credos der Vertraulichkeit ist es doch auch so, dass es für die Mitglieder der obersten Führungsstufe nicht immer ganz einfach ist, offen zu sprechen und eigene Fälle zu thematisieren. Dafür bringen sie aber sehr viel Erfahrung ein.

Sie führen seit Jahren die Führungszirkel durch.
Was, glauben Sie, sind die entscheidenden Erfolgsfaktoren?
Neben der zentralen Rollen des Moderators bzw. des Co-Moderators, welche die Selbstorganisation der Zirkel sicherstellen, haben sich folgende drei Grundprinzipien als elementar für den Erfolg herauskristallisiert: Vertraulichkeit, aktive Teilnahme (nichts sagen = nicht einverstanden) und Verbindlichkeit.

Was würden Sie jemandem raten, der einen Führungszirkel in seinem Unternehmen einführen möchte ?
Matchentscheidend ist, dass man nicht mit dem Führungszirkel, sondern mit einer Führungsausbildung anfängt. Diese Ausbildung ist dabei wie ein Anker. Besteht danach ein Bedürfnis, gewisse Themen vertiefter und an konkreten Beispielen zu thematisieren, dann lohnt sich die Einführung der Führungszirkel.

Peter Affentranger, Leiter Human Resources
Mobility Genossenschaft

Praxisbericht «Wisdom of the Crowd»

TED-Lunch-Salon

Wie viele wirklich neue Ideen hören und diskutieren Sie im Arbeitsalltag? Die TED-Plattform (www.ted.com) verfügt über tausende TED-Videos von Meinungsführern und Experten mit ihren innovativsten und spannendsten Ideen, unterhaltsam in achtzehn Minuten aufbereitet. Würzen Sie Ihren Arbeitsalltag mit einer Prise Inspiration und veranstalten Sie für sich und Ihre Teamkollegen vor Ort in Ihrer Firma oder virtuell einen TED-Lunch.

Ziel

Förderung und Austausch von Ideen; Wissenstransfer

Zutaten

- TED-Talk-Video
- Gemeinsame Mittagspause
- Beamer oder grosser Bildschirm bei einer Durchführung vor Ort

Zubereitung

1. Suchen Sie auf www.ted.com einen TED-Talk zu einem Thema aus, das mit Ihrer Firmentätigkeit zusammenhängt oder generationsübergreifend relevant ist.

2. Buchen Sie bei einer Durchführung vor Ort einen Meetingraum mit einem Beamer oder einem grossen Bildschirm.

3. Infomieren Sie ihr Team per E-Mail, Flyer oder per Aufruf auf Ihren internen digitalen Kommunikationskanälen.

4. Zeigen Sie bei der Variante vor Ort den TED-Talk im Plenum und überlegen Sie sich ein bis zwei Fragen, um die anschliessende Diskussion beim Lunch anzustossen.

5. Bei einer virtuellen Durchführung versenden Sie am Tag des Anlasses den Link zum TED-Video an alle Teilnehmenden. Nachdem alle den TED-Talk individuell geschaut haben, treffen Sie sich per Videokonferenz zur Diskussion.

Tipp

- Führen Sie den TED-Lunch regelmässig durch.
- Lassen Sie jedes Mal ein anderes Teammitglied den TED-Video aussuchen.
- Offerieren Sie den Lunch.

20 % pure Leidenschaft

Wie viele zusätzliche Innovationen würde Ihre Firma machen, wenn an jedem fünften Arbeitstag alle Mitarbeitenden an der Erfindung und Entwicklung eigener Produkt- und Serviceideen arbeiten würden? Werden Sie zur Innovationsschmiede, indem Sie jedem Mitarbeitenden ermöglichen, seine Kreativität am Arbeitsplatz auszuleben.

Ziel

Abteilungsübergreifende Zusammenarbeit stärken; Innovation und Eigeninitiative fördern

Zutaten

- Vertrauen
- Ideen
- Spielregeln
- Leidenschaft und Hingabe

Zubereitung

1. Bestimmen Sie eine Pilotabteilung.

2. Geben Sie einen Rahmen mit klaren Spielregeln vor.

3. Informieren Sie alle teilnehmenden Mitarbeitenden über Sinn, Zweck und Spielregeln.

4. Führen Sie eine Ideenliste, auf die alle Zugriff haben.

5. Motivieren Sie die Teilnehmer, ihre Ideen und Entwicklungsfortschritte regelmässig zu präsentieren.

6. Evaluieren Sie die Pilotphase und setzen Sie das Modell firmenweit um.

Tipp

- Bieten Sie Workshops zu Kreativitäts- und Innovationstechniken sowie zu Projektmanagement an.

- Anerkennen Sie mutige Ideen, auch wenn diese geschäftlich nicht direkt umsetzbar sind. Ausprobieren ist wichtiger.

Zuhören und nicht werten

Möchten Sie Inspiration und Engagement fördern, dann ist ganz wichtig, dass Sie Ideen, Gedanken oder Meinungen von Kollegen nicht werten. Probieren Sie es gleich heute aus: Erklärt Ihr Gegenüber eine Situation, versuchen Sie, Ihre eigenen Gedanken frei von jeglicher Wertung, Stellungnahme, Beurteilung oder Abwägung zu halten. Hören Sie einfach nur gut zu und lassen Sie sich überraschen.

Ziel

Inspiration ermöglichen; gute Lösungen finden; Engagement stärken

Zutaten

- Zuhörbereitschaft
- Geduld
- Disziplin
- Intuition

Zubereitung

1. Überlegen Sie sich, bei welchem Gespräch Sie dieses Rezept ausprobieren möchten: sei dies in einem Teammeeting, sei es im Gespräch mit einem Mitarbeitenden, mit Ihrem Chef oder mit einem Kunden.

2. Hören Sie Ihrem Gegenüber aufmerksam zu und lassen Sie sich nicht von allen aufkommenden Gedanken stören. Fokussieren Sie sich ganz auf den Inhalt des Gesprächs.

3. Halten Sie durch, bis Ihr Gegenüber fertig ist.

4. Versuchen Sie, in sich zu gehen, und spüren Sie, was für Gefühle oder Gedanken hochkommen.

5. Versuchen Sie, diese Gedanken in Worte zu fassen und Ihrem Gegenüber respektvoll mitzuteilen.

Tipp

- Probieren Sie es aus, auch wenn Sie skeptisch sind.

«Lead by Example»-Award

Verhalten ist gelebte Kultur. Etablieren Sie einen einen «Lead by Example»-Award in Ihrer Firma. Heben Sie auf diese Weise jene Mitarbeitenden hervor, welche durch ihre Taten die Werte des Unternehmens beispielhaft vorleben.

Ziel

Wertschätzung zeigen; Vorbildfunktion belohnen

Zutaten

- Award-Kriterien
- Nominierungsformular
- Vorbilder
- Jury
- Excel-Tabelle
- Award

Zubereitung

1. Bilden Sie eine Projektgruppe.
2. Verschaffen Sie sich Klarheit über die Nominations- und Award-Kriterien.
3. Informieren Sie die Belegschaft über den Nominationsprozess und den Sinn und Zweck des Awards.
4. Lassen Sie die Jury oder die ganze Belegschaft über die Awardvergabe abstimmen.
5. Übergeben Sie den Award zusammen mit einem Mitglied der Geschäftsleitung.

Tipp

- Überlegen Sie sich, ob es mehrere Awards oder sogar Team-Awards geben könnte.
- Lassen Sie die Jury eine Vorauswahl treffen.
- Planen Sie die Verleihung des Awards in Zusammenhang mit einem Team-Anlass.
- Machen Sie die Verleihung spannend und unterhaltsam – ein bisschen wie bei den Oscars.

Der digitale Karriereberater

Die Digitalisierung verändert unsere Arbeitswelt. Einige Berufsbilder fallen ganz weg, andere müssen adaptiert oder komplett neu geschaffen werden. Wie behält man da den Überblick? Eine Möglichkeit ist, alle Mitarbeitenden mit einem persönlichen digitalen Karriereberater auszurüsten. So erkennt man schneller, welche Fähigkeiten einem selbst fehlen und wie man sie am schnellsten durch eine entsprechende Weiterbildung erschliessen kann.

Ziel

Die gezielte und schnelle Anpassung der benötigten Fähigkeiten an sich verändernde Berufsanforderungen; Aufzeigen von Entwicklungsmöglichkeiten; Transparenz und Empowerment fördern.

Zutaten

- Mindset im Unternehmen, dass die Entwicklung der Belegschaft zentral ist
- Offenheit für lebenslanges Lernen seitens der Mitarbeitenden
- digitale Applikation

Zubereitung

1. Schaffen Sie das Bewusstsein und die Dringlichkeit für das Themenfeld rund um Weiterbildung und lebenslanges Lernen.

2. Bilden Sie eine Projektgruppe und stellen Sie ein Budget zur Verfügung.

3. Bestimmen Sie die Zielsetzung sowie die Anforderungen an den digitalen Karriereberater und evaluieren Sie mögliche Software-Anbieter.

4. Führen Sie ein Pilotprojekt durch und prüfen Sie die Ergebnisse.

5. Bestimmen Sie die notwendigen Anpassungen und planen Sie den unternehmensweiten Rollout.

Tipp

- Binden Sie die Geschäftsleitung von Anfang an mit ein. Ein für Mitarbeitende wertvolles digitales Hilfsmittel wie der technologiebasierte Karriereberater kann die digitale Transformation im Unternehmen entscheidend beschleunigen.

- Prüfen Sie den digitalen Karriereberater von www.people-analytix.com.

Zurich: Wenn sich Mitarbeitende dank der Digitalisierung gezielter entwickeln können

Die Zurich Versicherung ist weltweit mit rund 55 000 Mitarbeitenden tätig. Sie deckt ein breites Spektrum von Sach- und Haftpflicht- sowie Lebensversicherungsprodukten und -dienstleistungen ab. Damit zählt sie weltweit zu den grössten und traditionsreichsten Versicherern.

Die Zurich Versicherung hat zum Ziel, ihre Mitarbeitenden in ihrer individuellen Entwicklung zu stärken. Denn die fortschreitende Digitalisierung und als Folge die Veränderungen der Rollen in Unternehmen erfordern ein tiefes Verständnis der in Zukunft wichtigen Fähigkeiten (Skills) und der aktuell bestehenden Skill-Lücken. Die Versicherungsbranche tritt in ein neues Zeitalter ein, und Zurich möchte diesen Schritt mit der bestehenden Belegschaft gehen.

Herr Scope, warum stellt die Zurich Versicherung allen Mitarbeitenden einen digitalen Karriereberater zur Verfügung?
Das World Economic Forum (WEF) geht davon aus, dass 50 Prozent aller Arbeitnehmenden bis 2025 eine Umschulung benötigen. Auch wir sind gefordert, die Mitarbeitenden entlang der Veränderungen frühzeitig und kontinuierlich zu entwickeln. Dabei legen wir viel Wert auf Eigenverantwortung und Transparenz. Denn Eigenverantwortung setzt Wissen voraus: Wie verändert sich mein Beruf, welche Fähigkeiten werden vermehrt gefragt, welche Lern- und Unterstützungsangebote stehen mir zur Verfügung, um allfällige Skill-Lücken zu schliessen. Der digitale Karriereberater beantwortet diese und andere Fragen für jeden Mitarbeitenden individuell und innert Sekunden.

Was ermöglicht der digitale Karriereberater?
Der digitale Karriereberater ermöglicht das Erstellen und Abgleichen des persönlichen Skill-profils mit der aktuellen oder zukünftigen Rolle, mit firmeninternen Vakanzen oder ausgeschriebenen Projekten. Ein Algorithmus berechnet, wie gut ich auf eine Opportunität passe, wo allfällige Skill-Lücken sind und wie diese am effizientesten geschlossen werden können (on-the-job, off-the-job sowie im Austausch mit Kolleg*innen). Vorgesetzte und HR erkennen zudem, wer über welche Skills verfügt, was die Besetzung von Vakanzen oder Projekte sowie die Umsetzung von Geschäftsstrategien erleichtert und beschleunigt.

Wie integriert man eine solche Applikation in bestehende HR-Prozesse?
Unter dem Titel *Future of Work* haben wir verschiedene Handlungsfelder definiert. Eines davon heisst *Lifelong Learning*. Im Bereich *Lifelong Learning* bietet Zurich einerseits ein umfassendes Lernangebot mit vielen Kursen, andererseits On-the-job-Assignments und Projekte an. Je grösser das Angebot und je dynamischer die Karrieren, desto wichtiger wird die Orientierung, wohin die eigene Entwicklung führen soll. Der Karriereberater gibt Orientierung und erhöht die Qualität des Entwicklungsgesprächs zwischen Mitarbeitenden und Vorgesetzten und damit die Qualität der Entwicklungsentscheide. Der digitale Karriereberater ist ideal, weil er jederzeit verfügbar ist, ein niederschwelliges Angebot darstellt und Mitarbeitende in einem geschützten Raum neue Erkenntnisse finden.

Was sind Ihre Erfahrungen mit dem digitalen Karriereberater?
Wir haben die Lösung in der Schweiz vor sechs Monaten in den ersten Abteilungen pilotiert. Vorgesetzte sahen sehr schnell den Nutzen der Karriereberatung sowohl für sich als Manager als auch für die eigene Belegschaft. Mitarbeitende empfanden die Nutzung als einfach und intuitiv und schätzten die persönlichen Lernempfehlungen. In der Zwischenzeit ist auch die Zurich Gruppe aufmerksam geworden und hat nun entschieden, die Lösung global einzusetzen. Ich vergleiche People-Analytix gerne mit Booking.com: Plant man Ferien, dann recherchiert man auf dieser Plattform. Will sich jemand bei Zurich beruflich weiterentwickeln, dann bietet der Karriereberater von People-Analytix wertvolle Unterstützung.

Was sollten sich Firmen zuerst überlegen, bevor ein solches Projekt gestartet werden kann?
Der Einsatz des digitalen Karriereberaters setzt eine bestimmte Unternehmenskultur voraus. Eine Kultur, bei der Transparenz und Offenheit wichtig sind, denn Mitarbeitende erhalten stetig passende interne Entwicklungsmöglichkeiten. Vorgesetzte müssen über das eigene Team hinausdenken und dies als Chance für das ganze Unternehmen sehen.

Ambros Scope, Head of Leadership and Future of Work bei Zurich Versicherungen Schweiz

Post für sich selbst

Nutzen Sie Ihren Jahrestag in der Firma zur bewussten Selbstreflexion und schreiben Sie einen Brief an sich selbst. Öffnen Sie ihn aber erst ein Jahr später. Es geht nicht so sehr darum, Vorsätze zu formulieren, sondern vielmehr darum, sich einmal im Jahr Zeit zu nehmen, um über die eigenen Wünsche, Visionen und konkreten Zielsetzungen nachzudenken.

Ziel

Selbstreflexion fördern; persönliche Weiterentwicklung ermöglichen; sich persönlicher Zielsetzungen klar werden

Zutaten

- Stift und Papier
- Persönliche Ziele
- Zeit und Musse
- An Sie adressiertes Couvert

Zubereitung

1. Reservieren Sie in Ihrer Agenda an Ihrem Firmenjahrestag eine Stunde, um einen Brief an sich selbst zu schreiben.

2. Suchen Sie sich einen ruhigen Ort, wo Sie sich wohlfühlen, und fangen Sie zu schreiben an.

3. Leitfragen könnten sein: Was macht Ihnen Freude und gibt Ihnen Energie? Wie möchten Sie sich weiterentwickeln? Welches Fachwissen möchten Sie sich aneignen?

4. Tragen Sie in Ihrem Kalender ein Meeting mit sich selbst in einem Jahr ein.

5. Öffnen Sie den Brief ein Jahr später, reflektieren Sie über den Inhalt, prüfen Sie, inwiefern Sie die gesteckten Ziele erreicht haben, und benutzen Sie das Geschriebene als Basis für Ihren nächsten Brief.

Tipp

- Tragen Sie in der Agenda ein, wo Sie den Brief aufbewahrt haben.

Bewertung
Planung o
Umsetzung o
Kosten o

Nachhaltig wachsen

Wachstum ist gut, aber zu welchem Preis? Erliegen Sie nicht einem von Profitgier getriebenen Wachstumszwang. Stellen Sie anstelle von Gewinn- oder Umsatzwachstum andere, nachhaltigere Ziele in den Vordergrund wie zum Beispiel Innovation, Qualität oder begeisterte Kunden. Erreichen Sie eines dieser Ziele, haben Sie gleich dreifach gewonnen: Sie haben einen anhaltenden Wettbewerbsvorteil für Ihr Unternehmen etabliert, den Sinn in der Arbeit verstärkt und längerfristiges Gewinn- und Umsatzwachstum gesichert.

Ziel

Wachstum auf einer nachhaltigen Basis; Sinnhaftigkeit

Zutaten

- Nachhaltigkeitsdenken
- Klare Mission und Vision
- Motivierende Strategie
- Kein Wachstum um jeden Preis

Zubereitung

1. Werden Sie sich bewusst, was es zur Erreichung Ihrer Vision und Mission wirklich braucht.

2. Formulieren Sie dazu eine motivierende Firmenstrategie.

3. Überlegen Sie sich, in welchen Bereichen Wachstum sinnvoll und wo allenfalls der Status quo vorteilhafter ist.

4. Falls Sie Wachstum anstreben, dann überlegen Sie, wie dies auf sinnhafte und inspirierende Art und Weise erreicht werden kann. Nur Kosten zu senken oder Wachstum ohne realistischen Plan zu fordern, wirkt sich negativ auf das Engagement der Belegschaft aus.

Tipp

- Lassen Sie sich von diesen Autoren inspirieren: Lesen Sie zum Beispiel «Exit» von Meinhard Miegel oder «The Age of Less» von David Bosshart.

Walk the Talk

Bereits Aristoteles kultivierte das Denken im Gehen und verankerte es als festes Ritual in seiner philosophischen Akademie. Auch im Firmenalltag machen Meetings im Gehen Sinn, ganz gleich ob Sie im Bürogebäude oder im Homeoffice sind. Die zusätzliche Bewegung regt den Kreislauf an, die frische Luft hilft, klar zu denken, und stimuliert die Kreativität. Probieren Sie es aus!

Ziel

Inspiration anregen; klares Denken und Kreativität fördern

Zutaten

- Spazierwege in der Nähe vom Arbeitsplatz
- Schönes Wetter oder Regenschirme
- Geeignetes Schuhwerk

Zubereitung

1. Falls das Meeting virtuell geplant ist, vereinbaren Sie mit Ihrem Meetingpartner vorab, dass Sie das Gespräch telefonisch durchführen werden. Gehen sie beide an ihrem jeweiligen Aufenthaltsort spazieren und telefonieren Sie gemeinsam wie geplant.

2. Wenn Sie Ihr Meeting mit physischer Präsenz vereinbaren, fragen Sie alle Teilnehmenden, ob Sie es für einmal im Gehen durchführen könnten.

3. Überlegen Sie sich ein paar Routen. Es kann eine Runde um das Bürogebäude sein oder ein Spaziergang zu einem spezifischen Ort, beispielsweise einem Park.

4. Lassen Sie die anderen Teilnehmenden eine der vorgeschlagenen Routen auswählen.

Tipp

- Falls Sie für das Meeting auf einen Bildschirm schauen müssen, strukturieren Sie es so, dass dieser Teil am Anfang oder am Schluss des Meetings liegt.

Positive Psychologie

Schicken Sie während einer Woche jeweils am Ende des Tages eine E-Mail an alle Mitarbeitenden mit der Frage: «Was lief heute gut?» Die Anleitung in der E-Mail sollte lauten: Schreiben Sie drei positive Dinge auf, die heute geschehen sind. Beantworten Sie dann zu jedem Punkt die Frage: Wieso ist das passiert? Ein Beispiel: «Ich habe heute erfolgreich eine schwierige Kundenreklamation gelöst.» Und dann: «Weil ich das Problem gleich erkannt habe und immer freundlich geblieben bin.» Die Übung stammt aus der Positiven Psychologie und erhöht laut wissenschaftlichen Studien die Belastbarkeit und Resilienz.

Ziel

Motivation und Belastbarkeit stärken

Zutaten

- Eine Kalenderwoche
- Aufforderung via E-Mail

Zubereitung

1. Organisieren Sie einen Anlass mit Referenten zum Thema Positive Psychologie.

2. Erkunden Sie direkt in der Veranstaltung das Interesse der Belegschaft, eine Übung aus der Positiven Psychologie einmal auszuprobieren.

3. Senden Sie während einer Woche jeden Abend eine E-Mail mit dem Betreff «Was lief gut?» an alle Mitarbeitenden. Teilen Sie mit, dass die Antworten am Ende der Aktion veröffentlicht werden.

4. Sammeln Sie die Antworten.

5. Senden Sie allen Mitarbeitenden entweder jeweils am Folgetag oder nach Abschluss des Projektes eine anonymisierte Übersicht der positiven Antworten zu.

Tipp

- Eine weitere Frage könnte sein: Was hat jemand anderes getan, womit Sie zufrieden sind?

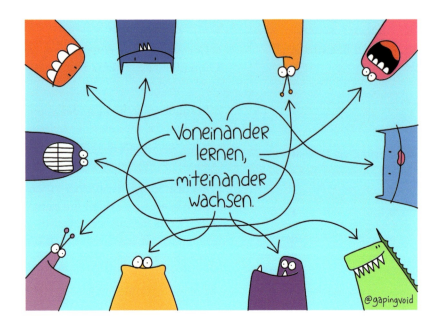

Haupt- mit Nebenjob

Studierende belegen an Universitäten stets Haupt- und Nebenfächer. Damit wird ihr Profil breiter und sie können Kenntnisse aus einem Fach auf das andere übertragen. Dieses Modell können Sie auch in Ihrem Unternehmen anwenden, sodass jeder Mitarbeitende nebst seiner Haupttätigkeit auch einen «Nebenjob» ausübt. Die Arbeit wird vielseitiger für alle, und Sie müssen sich nie mehr vor plötzlichen Ausfällen fürchten, denn Sie haben bereits mindestens einen Stellvertreter.

Ziel

Synergien zwischen den Abteilungen nutzen; Mitarbeitende werden geistig gefordert und gefördert

Zutaten

- Schulungen
- Bereitschaft, in das eigene Personal zu investieren

Zubereitung

1. Erstellen Sie eine Liste aller Stellenprofile in Ihrem Unternehmen.

2. Überlegen Sie, welche Positionen doppelt abgesichert sein sollten und in welchen Bereichen sich Synergien nutzen lassen.

3. Lassen Sie die Mitarbeitenden auswählen, für welche Bereiche sie sich interessieren. Geben Sie für jede Position an, welche Eigenschaften vorausgesetzt werden.

4. Lassen Sie die jeweiligen Vorgesetzen die Auswahl vornehmen.

5. Beginnen Sie, die Mitarbeitenden in ihrem Nebenjob zu schulen.

Tipp

- Der Nebenjob sollte auf Freiwilligkeit basieren.
- Sehr eintönige Jobs sollten Sie vielleicht verändern oder gleich komplett abschaffen.

Vom Kunden lernen

Wer kann von sich behaupten, seine Kunden, und nicht bloss die Zielgruppe oder Persona zu kennen? Welche Produktentwickler haben genau vor Augen, für wen sie bestimmte Features entwickeln, wie diese genutzt werden und welchen Mehrwert diese konkret im Arbeitsalltag bieten? Bei diesem Rezept geht es genau darum: Anonyme Kunden nahbar machen, spezifische Kundenbedürfnisse und -motive verstehen und so echten Mehrwert schaffen.

Ziel

Feedback zu den eigenen Produkten bzw. Leistungen einholen, diese weiterentwickeln und einen nachhaltigen Mehrwert für die Kunden generieren.

Zutaten

- User-Research-Team
- Workshop zum Führen von Kundeninterviews

Zubereitung

1. Finden Sie motivierte Mitarbeitende für Ihr User-Research-Team.

2. Bieten Sie intern Workshops zum Führen von Kundeninterviews an.

3. Führen Sie mindestens 120 Kundeninterviews durch.

4. Publizieren Sie die Kundeninterviews intern.

5. Berichten Sie von einzelnen Gesprächen und ermutigen Sie Ihre Mitarbeitenden, Geschichten über einzelne Kunden weiterzuerzählen.

Tipp

- Beteiligen Sie Mitarbeitende aus allen Geschäftsbereichen sowie die Geschäftsleitung.

- Bereiten Sie Ihr User-Research-Team auch auf unangenehmes Feedback vor.

Vom Kunden lernen — 147

Jimdo: Eine gelebte kundenzentrierte Unternehmenskultur

Jimdo wurde 2007 in Cuxhafen (DE) gegründet und unterstützt Selbstständige auf www.jimdo.com mit einem intuitiven Website-Baukasten, einem professionellen Onlineshop, einem kostenlosen Logo-Creator und weiteren Tools, wie dem Legal Text Generator oder Facebook for Business.

Was ist eine Kundengeschichte, die innerhalb von Jimdo erzählt wird?
Ein Beispiel ist die Geschichte von Melissa, die sie uns als Kundin direkt erzählt hat: Melissa ist Anfang zwanzig und neben ihrem Studium für den Online-Auftritt des Familienunternehmens zuständig. Melissas Familie betreibt seit 1939 einen Töpferbetrieb in Süddeutschland. Bisher stellten sie ihre Keramik nur auf lokalen Märkten aus. Als Corona alle überraschte, hat sie in nur einem Tag den Onlineshop aufgeschaltet und dann einfach Schritt für Schritt weitergemacht. Jeden Tag ein bisschen, und noch ein bisschen. Heute ist das gesamte Sortiment online erhältlich, und es müssen schon mal alle beim Pakete packen mithelfen, die an Kunden in ganz Europa gehen. Dass sie ihre Produkte auch direkt über Instagram anbieten kann, hilft ihr dabei sehr. Die Nachrichten, das Lob, die Fotos, die sie von den Kunden bekommt, geben ihr die Energie immer weiterzumachen. Sobald sie ihr Studium beendet hat, wird Melissa als Selbstständige in den Familienbetrieb einsteigen und ihn übernehmen. «Einfach machen» ist der Weg, den sie strikt verfolgt. Aus ihrer Sicht gibt es nichts zu verlieren!

Wie äussert sich die Kundenzentrierung im Arbeitsalltag von Jimdo?
In unserer täglichen Arbeit wird durch die vielen regelmässigen Kundengespräche, die wir führen, der anonyme Kunde fassbar und wir verstehen besser, wer unsere Kunden sind, was sie machen, was sie antreibt, wie sie unser Produkt im Alltag nutzen und bei welchen Tätigkeiten ihnen das Produkt hilft. Durch das Ergründen von Einzelfällen verstehen wir, was der Kunde braucht. Wie am Beispiel von Melissa, durch die wir verstanden haben, was für eine wichtige Rolle die Einbindung von Social Media auf ihrer Website für den Verkauf spielt und wie man sie bei den Herausforderungen des Versands ihrer Produkte noch besser unterstützen kann.

Wie kam es, dass die Kundenzentrierung so einen hohen Stellenwert bei Jimdo einnimmt?
Was wir als Unternehmen machen, nämlich Software zu entwickeln, wie beispielsweise unseren Website-Baukasten, ist die eine Sache. Wie und warum wir das machen, eine ganz andere. Vergangenes Jahr haben wir ein Brand Book geschrieben, in dem wir definiert haben, wer wir sind, was wir machen und zu wel-

chem Zweck. Unsere Mission ist es, die Kraft von Selbstständigen und kleinen Unternehmen zu entfesseln und ihnen dabei zu helfen, erfolgreich zu sein. Einzelne, gezielte Gespräche mit unseren Kunden wurden dann zunächst von mir eingeleitet. Anschliessend fand eine breite Erhebung von Kundeninterviews durch das User-Research-Team statt. Es wurde allen Mitarbeitenden angeboten, dabei mitzuwirken. Mittlerweile sprechen alle – von den Produktteams bis hin zum Marketing – direkt mit unseren Kunden. Die Interviews werden intern publiziert. Zusätzlich haben wir angefangen, die Geschichten einzelner Kunden im Unternehmen zu erzählen. Das kann beispielsweise die Geschichte von Melissa und der Töpferei sein, die wir in einem Produkt-Meeting als Anekdote einfliessen lassen, oder wir schreiben ihre Stories aus und produzieren von Zeit zu Zeit Highlight-Videos der Gespräche mit unseren Kunden und lassen sie zu Wort kommen. Damit das alles klappt, braucht es mindestens eine Person, idealerweise aber ein kleines Team, in dem man sich verantwortlich fühlt, mit den Kunden zu sprechen, sie zu verstehen und gesammelte Eindrücke intern zu kommunizieren.

Wie würde der Aufbau einer kundenzentrierten Unternehmenskultur bei einer Nicht-Software-Firma funktionieren?

Diese Unternehmen haben es vielleicht sogar einfacher, da Kundenkontakt hier bereits durch die Präsenz des Anbieters vor Ort gegeben ist. Entscheidend ist vielmehr die Beteiligung der Geschäftsleitung, der Mitarbeitenden und der Kunden. Dabei kann Storytelling, wie in unserem Fall, ein entscheidendes Element sein. Vor Augen geführt zu bekommen, warum das, was man tut, wichtig ist und was für eine Wirkung die eigene Arbeit hat, kann ein sehr starker Motivator sein.

Was sind die Erfolgsfaktoren?

Erfolgsfaktoren für eine gelebte kundenzentrierte Unternehmenskultur sind, dass 1. der Zweck und die Mission des Unternehmens deutlich gemacht und von allen Mitarbeitenden verinnerlicht werden, 2. Kunden in ihren Bedürfnissen und Motivationen verstanden werden, 3. eine emotionale Verbindung zu den Kunden aufgebaut wird, 4. Kundengeschichten, die für sich sprechen, intern verbreitet werden und 5. das Management mitmacht.

Was ist der Vorteil der kundenzentrierten Unternehmenskultur bei Jimdo?

Es hat sich ein regelrechter Sog entwickelt, und die jeweiligen Kunden wurden nahbar. So haben diejenigen, die Produktfeatures entwickeln, stets die Person vor Augen, die diese letztlich nutzt, und wissen, welche Prioritäten sie bei der Entwicklung setzen müssen.

Matthias Henze, Gründer und CEO von Jimdo

Praxisbericht «Vom Kunden lernen»

Vaterschaftsurlaub

Die Geburt des eigenen Kindes gehört zu den wichtigsten Ereignissen im Leben. In den darauffolgenden Wochen und Monaten verpassen aber viele Väter die ersten Momente im Leben ihrer Kinder. Denn der Vaterschaftsurlaub ist in der Schweiz seit 2021, anders als etwa in Deutschland, gesetzlich auf lediglich zwei Wochen begrenzt. Durchbrechen Sie traditionelle Rollenmuster, machen Sie Ihre Firma zum Vorreiter und etablieren Sie ein familienfreundlicheres Modell für einen umfassenderen Vaterschaftsurlaub. Die nächste Generation wird es Ihnen danken!

Ziel

Familienfreundliche Arbeitsbedingungen schaffen; Firmenimage und Attraktivität auf dem Arbeitsmarkt stärken; Mitarbeiterbindung erhöhen

Zutaten

- Familienfreundliche Unternehmenskultur
- Motivierte Väter
- Funktionierendes Stellvertretungskonzept
- Projektgruppe mit Biss

Zubereitung

1. Holen Sie sich den Auftrag in der Geschäftsleitung, Massnahmen zur Stärkung der Familienfreundlichkeit auszuarbeiten.

2. Bilden Sie eine Projektgruppe und entwickeln Sie verschiedene Modelle (bezahlter wie unbezahlter Urlaub von 3 bis 14 Wochen).

3. Lassen Sie sich durch Modelle anderer Firmen inspirieren.

4. Berechnen Sie die Kosten der jeweiligen Modelle.

5. Entscheiden Sie sich für ein Modell.

6. Veranlassen Sie eine Anpassung des Personalreglements und informieren Sie die Belegschaft.

7. Freuen Sie sich an motivierten Vätern und bunten Kinderzeichnungen.

Tipp

- Starten Sie mit einem einfachen Modell.
- Verfolgen Sie die politische Diskussion zum Thema Elternzeit.

Bewertung
Planung ●●●●●
Umsetzung ●●●●
Kosten ●●●●●

Jeder hat etwas zu bieten

Veranstalten Sie eine Benefizgala der besonderen Art mit einer Auktion unter allen Mitarbeitenden. Das Angebot? Jeder Mitarbeitende versteigert eine Dienstleistung, wie beispielsweise eine Fremdsprachenlektion, einen Nachmittag Gartenarbeit oder ein Wochenende Gratismiete im Ferienhaus. Gutes entsteht so im Doppelpack: Einerseits spendet das Unternehmen den Auktionserlös an eine karitative Organisation, andererseits unterstützen sich die Mitarbeitenden gegenseitig durch die jeweilige Dienstleistung.

Ziel

Karitative Organisation unterstützen; Gemeinschaftsgefühl stärken; abteilungsübergreifender Austausch

Zutaten

- Charity-Partner
- Attraktive Dienstleistungen
- Benefizanlass
- Einladung

Zubereitung

1. Bilden Sie eine Projektgruppe, die den Benefizanlass organisiert.

2. Sofern Ihr Unternehmen nicht bereits einen Charity-Partner hat, entscheiden Sie sich, welchen Zweck Sie mit dem Erlös unterstützen wollen.

3. Infomieren Sie die Belegschaft über den Anlass und rufen Sie alle dazu auf, eine Dienstleistung zu «spenden».

4. Verschicken Sie Einladungen für die Benefizgala.

5. Sorgen Sie am Anlass für gute Musik und leckeres Essen.

6. Moderieren Sie wortgewandt die Auktion.

7. Stellen Sie sicher, dass Anbieter und Bietende ihre Kontaktinformationen austauschen.

Tipp

- Engagieren Sie einen professionellen Fotografen.

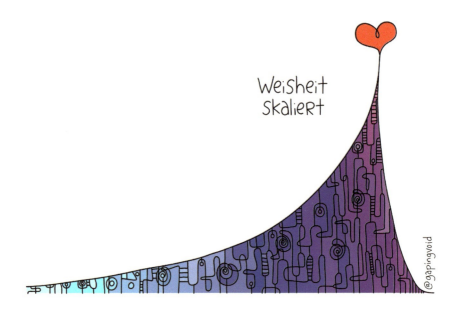

Generation 50+

«Zu alt, zu teuer», diese Pauschalaussage trügt. Die Generation 50+ bietet einiges, was der jungen Generation fehlt: viel Know-how, Lebenserfahrung im Umgang mit Menschen sowie ein grosses Stück Gelassenheit. Zudem suchen sie nicht ständig den nächsten Karrieresprung und bleiben daher dem Job wie dem Unternehmen meist bis zur Pensionierung treu. Unterstützen Sie deshalb die Generation 50+, indem Sie in der Rekrutierung besonders ältere Arbeitssuchende berücksichtigen.

Ziel

Neue Rekrutierungskanäle erschliessen; Know-how gewinnen und bewahren; Fluktuation verringern; Diversifikation in der Altersstruktur schaffen

Zutaten

- Ältere Arbeitssuchende
- Firmenkultur, die ältere Mitarbeitende schätzt
- Offene Stellen
- Abteilungsleiter, welche eine Altersdiversifikation anstreben

Zubereitung

1. Überlegen Sie in einer Projektgruppe, wie Sie als Arbeitgeber attraktiv für ältere Mitarbeitende werden können.

2. Klären Sie insbesondere Ihre Führungskräfte über die gezielte Einstellung von Mitarbeitenden im Alter 50+ auf.

3. Berücksichtigen Sie bei der nächsten Stellenausschreibung ältere, erfahrenere Bewerber.

4. Nutzen Sie die Vorteile Ihrer erfahrenen Mitarbeitenden.

Tipp

- Setzen Sie ältere Mitarbeitende zur Ausbildung der jüngeren ein.
- Achten Sie auf gut durchmischte Teams.

Wildbiene sucht Partner

Über ein Drittel der weltweit produzierten Lebensmittel sind auf die Bestäubung durch Bienen angewiesen. In der Schweiz stehen jedoch bereits fast die Hälfte der Bienenarten auf der roten Liste. Einer der Hauptgründe dafür ist die sukzessive Zerstörung ihrer Lebensräume. Helfen Sie den Bienen, indem Ihr Unternehmen als «Bienen-Pate» Wildbienen ein neues Zuhause schenkt.

Ziel

Etwas Gutes für die Umwelt tun; Naturverbundenheit stärken

Zutaten

- Wildbienenhaus
- Schlupfbereite Wildbienenkokons
- Gebäudewand

Zubereitung

1. Klären Sie das Interesse seitens Ihres Unternehmens ab, ein solches Projekt zu unterstützen.

2. Gewinnen Sie interessierte Mitarbeitende.

3. Informieren Sie sich über Wildbienen.

4. Fordern Sie Offerten zum gewünschten Zuchtsystem an.

5. Finden Sie einen geeigneten Ort auf Ihrem Firmengelände, um das Bienenhaus anzubringen.

Tipp

- Klären Sie unbedingt ab, ob es Mitarbeitende in Ihrer Firma gibt, die eine Bienenallergie haben.

- Wildbiene + Partner (www.wildbieneundpartner.ch) bietet Wildbienen-Patenschaften an.

- Weitere Informationen zu Wildbienen inklusive Handlungsempfehlungen: www.igwildebiene.ch

Bewertung
Planung oo
Umsetzung oooo
Kosten oooo

Ein Eis für die Nachbarschaft

Mmmh! An heissen Sommertagen gibt es nichts Verführerischeres als ein feines Glacé. Noch verführerischer ist der kalte Genuss, wenn Ihr Unternehmen dazu einlädt. Lassen Sie an einem heissen Sommertag einen Eiswagen im Auftrag Ihres Unternehmens durch Ihre Nachbarschaft fahren und spendieren Sie den Passanten gratis Eis und gute Laune. Damit bereiten Sie nicht nur den Menschen in Ihrer Nachbarschaft eine Freude, Sie machen auch gute Werbung für Ihre Firma.

Ziel

Das Unternehmen in der Region stärker verankern; Freude bereiten

Zutaten

- Heisse Sommertage
- Eiswagen
- Verschiedene Eissorten
- Becher und Löffel, Cornet, Servietten
- Gut gelaunter Eismann oder Eisfrau
- Abfallsäcke

Zubereitung

1. Mieten Sie einen Eiswagen im Auftrag Ihres Unternehmens.
2. Stellen Sie einen professionellen Eismann an oder gewinnen Sie einen Mitarbeitenden oder Lehrling für die Aktion.
3. Kaufen Sie reichlich Eis in verschiedenen Geschmacksrichtungen ein.
4. Konsultieren Sie den Wetterbericht.
5. Ziehen Sie mit dem Eiswagen durch die Nachbarschaft und spendieren Sie den Bewohnern ein Eis.

Tipp

- Kaufen Sie das Eis bei einem Bauern oder einer Milchzentrale aus Ihrer Region.
- Kaufen Sie auch laktose- und glutenfreies Eis ein.
- Verteilen Sie Eis in den Farben Ihres Unternehmens.
- Halten Sie die Aktion in Bildern fest.
- Vergessen Sie Ihre Mitarbeitenden nicht.

Bewertung
Planung o
Umsetzung oo
Kosten ooo

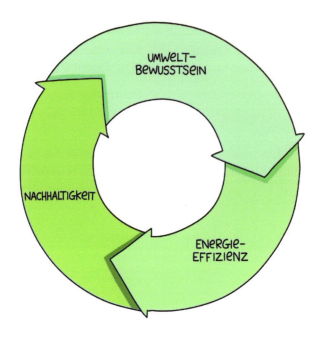

Nachhaltiger Energiehaushalt

Wissen Sie, wie energieeffizient Ihr Unternehmen ist? Führen Sie eine Potenzialanalyse durch, um dessen Energieverbrauch zu verstehen und darauf basierend nachhaltigere Energielösungen zu suchen. Potenzial gibt es in vielen Bereichen. Zu den Stichworten gehören unter anderem Stromeffizienz, nachhaltige Energielieferanten wie Solarzellen, Wasserkraftwerke oder Windturbinen, Mobilität sowie Gebäude-Infrastruktur. Der richtige Energiemix wirkt sich nicht nur positiv auf die Umwelt aus, sondern auch auf Ihre Energierechnung, das Firmenimage und die Mitarbeiterbindung.

Ziel

Energieeffizienz erhöhen, Umweltbewusstsein stärken; Nachhaltigkeit fördern

Zutaten

- Projektgruppe
- Energie-Audit mit Potenzialanalyse

Zubereitung

1. Stellen Sie eine interne Projektgruppe zusammen.

2. Beantragen Sie einen Energie-Audit.

3. Rufen Sie ein Programm für «umweltfreundliche Ideen» ins Leben und animieren Sie Mitarbeitende, eigene Ideen zum Thema Energiesparen oder zu anderen umweltschonenden Massnahmen zu entwickeln.

4. Beantragen Sie gegebenenfalls Offerten von externen Anbietern und lassen Sie sich verschiedene Konzepte für einen nachhaltigeren Energiehaushalt unterbreiten.

5. Beantragen Sie das nötige Budget.

6. Legen Sie mit der Umsetzung der neuen Massnahmen los!

Tipp

- Fassen Sie zuerst maximal zwei Massnahmen ins Auge.

- Weitere Informationen zum Thema finden Sie unter www.energieschweiz.ch, www.energie-experten.ch, www.energiefranken.ch und www.oebu.ch.

EKZ: Den Energiehaushalt nachhaltig gestalten

Die Elektrizitätswerke des Kantons Zürich (EKZ) gehören zu den grössten Schweizer Energiedienstleistern. Die EKZ sind ein selbstständiges, öffentlich-rechtliches Unternehmen und zu hundert Prozent im Besitz des Kantons Zürich.

In den vergangenen Jahren hat Gian Cavigelli, Energieberater bei den Elektrizitätswerken des Kantons Zürich (EKZ), zusammen mit fünf weiteren Energieberatern jährlich rund hundertfünfzig Firmen darin beraten, wie sie ihren Energieverbrauch nachhaltiger gestalten können. Dabei stellt er fest, dass viele seiner Kunden nicht nur aus finanziellen Gründen seine Unterstützung anfordern. «Obwohl der Return on Investment ganz klar vorteilhaft ist, geht es vielen unserer Kunden um mehr. Sie wollen wissen, dass sie einen positiven Beitrag für die Umwelt und die zukünftigen Generationen leisten.»

Er betont denn auch, dass es für eine nachhaltige Veränderung in erster Linie auf den Willen innerhalb der Firma und besonders der Geschäftsleitung ankommt. Das Thema Energieeffizienz sei oftmals eine «Top-down-Geschichte», so Cavigelli, und muss vom Management unterstützt und vorgelebt werden. «Denn sonst wird man nie den vollen Erfolg haben.» Natürlich spiele das Budget auch eine Rolle, aber bereits mit wirtschaftlichen Massnahmen (Payback unter 2 Jahren) könne man Einsparungen von fünfzehn Prozent realisieren. Konkret gibt es für Firmen zwei mögliche Handlungsbereiche, um nachhaltig Energie zu sparen.

«Einerseits kann man bei den Mitarbeitenden ansetzen, andererseits bei der Gebäudetechnik», so Cavigelli. Bei den Mitarbeitenden geht es darum, sie zu schulen, sie zu motivieren und zum Engagement für Nachhaltigkeit zu bewegen. Zu diesem Zweck führen die EKZ im Unternehmen Energiewochen durch. Dabei handelt es sich um eine zweiwöchige Kampagne, die zum Beispiel Referate mit Experten, Infomaterialien, Energiespiele und das Visualisieren des Stromverbrauches umfasst. Die Erfahrung habe gezeigt, dass sich allein durch Verhaltensänderungen der Mitarbeitenden fünf bis fünfzehn Prozent der Energiekosten im Unternehmen einsparen lassen. Alternativ oder ergänzend werden Energieworkshops mit fünfzehn Mitarbeitenden durchgeführt, hier liegt der Fokus bei der Ausarbeitung konkreter Effizienzmassnahmen für das Unternehmen.

Will man bei der Technik ansetzen, so gilt es, zwischen der Betriebsoptimierung und der Gebäudemodernisierung zu unterscheiden. Bei der Betriebsoptimierung geht es darum, die vorhandene Gebäudetechnik, wie zum Beispiel die Heizung,

Beleuchtung und Lüftung, richtig einzustellen. Laut Cavigelli sei dies gerade bei Gastronomiebetrieben eine lohnenswerte Option, denn oft seien die Lüftungen gleich wie vor dem gesetzlichen Rauchverbot eingestellt. Im Durchschnitt, so Cavigelli, zahle sich die Betriebsoptimierung über eine Zeitspanne von zwei bis drei Jahren aus und würde längerfristig zu Energiekosteneinsparungen von fünfzehn Prozent führen.

Bei der Gebäudemodernisierung gibt es viele verschiedene Lösungen, wobei der erste Schritt stets darin liegt, einen Energie-Check durchführen zu lassen. Inwiefern sich Massnahmen lohnen und wie hoch die Einsparungen sind, hängt unter anderem stark vom Alter und Zustand des Gebäudes und der Gebäudetechnik ab.

Eine Massnahme, die beispielsweise immer beliebter wird, ist die Stromproduktion auf dem eigenen Grundstück. Die Installation einer Stromerzeugungsanlage erfordert zwar Investitionen, lohnt sich langfristig aber auf jeden Fall. Wer selbst Strom produziert, ist unabhängiger vom kommerziellen Strommarkt und kann allein dadurch schon Geld sparen. Denn je höher der Strompreis steigt, desto grösser ist das Sparpotenzial. Hinzu kommen Förderbeiträge und Steuererleichterungen. Moderne Solaranlagen refinanzieren sich dadurch beispielsweise über einen Zeitraum von zirka zwanzig Jahren. Übersteigt die Stromproduktion den Eigenbedarf, kann der überschüssige Strom ins Stromnetz eingespeist werden, was entschädigt wird.

Die Kunden sind oftmals erstaunt, wie einfach der Energieverbrauch gesenkt werden kann – und das nicht zuletzt, weil sich die Belegschaft dafür interessiert.

<u>Gian Cavigelli, Teamleiter Energieberatung für Geschäftskunden
Elektrizitätswerke des Kantons Zürich</u>

Praxisbericht «Nachhaltiger Energiehaushalt»

Horizontal und vertikal naturverbunden

Wieso nicht den Mitarbeitenden die Natur näherbringen, indem man mehr Natur in und um das Bürogebäude schafft? Optionen gibt es viele: Beispielsweise indem man einen «hängenden» Garten von der Decke des Büros baumeln lässt, einen vertikalen Garten an der Gebäudemauer anlegt, neben der Firma ein Gemüsebeet anpflanzt oder gar das Firmendach benutzt, um Urban Farming zu betreiben, sodass Fisch und Gemüse dank eines Aquaponic-Systems gleichzeitig gezüchtet werden können.

Ziel

Teamentwicklung; abteilungsübergreifende Zusammenarbeit; Naturbewusstsein fördern

Zutaten

- Gärtner mit Gartenkonzept
- Mauer, Balkon oder Garten

Zubereitung

1. Stellen Sie ein Projektteam zusammen und sammeln Sie diverse Ideen für mehr Naturnähe in Ihrem Firmengebäude.

2. Lassen Sie sich durch externe Anbieter verschiedene Konzepte präsentieren.

3. Entscheiden Sie sich für ein Angebot und definieren Sie ein nachhaltiges Pflegekonzept.

4. Veranlassen Sie die notwendigen baulichen Massnahmen.

5. Erfreuen Sie sich an der Natur- und Blumenpracht.

Tipp

- Starten Sie mit einem kleinen Pilotprojekt.

- Falls Sie keine Zeit für die Pflanzenpflege haben, aber trotzdem mehr Grün in Ihrer Umgebung wünschen, dann sind Seidenblumen eine hübsche und sehr pflegeleichte Alternative.

Bewertung
Planung ooo
Umsetzung oo
Kosten oooo

Kombinierte Mobilität

Verzichten Sie in Ihrer Firma auf eigene Fahrzeuge und fokussieren Sie sich ganz auf Ihr eigentliches Kerngeschäft. Beteiligen Sie sich als Unternehmen an Collaborative Mobility und bieten Sie Ihren Mitarbeitenden flexible Mobilitätslösungen an. Damit sparen Sie nicht nur Kosten von fast zwanzig Prozent ein, sondern geben Ihren Mitarbeitenden auch mehr Flexibilität bei Geschäftsreisen. Schaffen Sie beispielsweise Anreize für das Carpooling und ermöglichen Sie Ihren Mitarbeitenden, vergünstigte Abonnements des öffentlichen Verkehrs zu beziehen. Ob mit Zug, Elektroauto, E-Scooter oder Velo: alles lässt sich massgeschneidert kombinieren – ökologisch sinnvoll natürlich.

Ziel

Grössere Mobilität und damit Flexibilität auf Geschäftsreisen; ökologisch nachhaltige Mobilität fördern; Abbau des firmeninternen Fuhrparks

Zutaten

- Anbieter von Car-Sharing, Bike-Sharing, Abonnementen für den öffentlichen Verkehr
- Wirtschaftlich wie ökologisch sinnvolle Fahrzeugflotte
- Online-Buchungssystem 24/7

Zubereitung

1. Evaluieren Sie verschiedene Anbieter von Car-Sharing- und von Mobility-Konzepten.

2. Erarbeiten Sie ein Konzeptpapier und bestimmen Sie die erwünschten Fahrzeugtypen.

3. Informieren Sie die Mitarbeitenden über das Angebot.

4. Veräussern Sie die interne Fahrzeugflotte.

5. Erfreuen Sie sich an der gewonnenen Flexibilität im Reisen.

Tipp

- Als Zwischenstufe können Sie die eigenen Fahrzeuge anderen Firmen zugänglich machen (Car-Sharing).
- Prüfen Sie das Angebot der Schweizer Car-Sharing-Firma Mobility oder von vergleichbaren Anbietern in Deutschland oder Österreich.

Bewertung
Planung oooo
Umsetzung ooo
Kosten ooo

Die zweite Chance

Unzählige Jugendliche finden nach der obligatorischen Schulzeit den beruflichen Anschluss nicht oder werden nach abgeschlossener Berufslehre arbeitslos. Unterstützen Sie Jugendliche, indem Sie in Ihrem Unternehmen einen Praktikums- oder Ausbildungsplatz anbieten. Damit schenken Sie diesen eine berufliche Perspektive und eine neue Chance in ihrem jungen Leben. Junge Menschen wiederum bringen frischen Wind und neue Impulse in den Unternehmensalltag.

Ziel

Perspektiven eröffnen; sinnvolles gesellschaftliches Engagement; stärkere Verankerung des Unternehmens in der Region; sinnvolle Zusatzaufgabe für einen oder mehrere Mitarbeitende

Zutaten

- Jugendliche mit ungünstigen Bildungsvoraussetzungen
- Praktikums- oder Ausbildungsplatz für eine zweijährige berufliche Grundausbildung (EBA)
- Lehrlingsbetreuer
- Zulassung als Lehrbetrieb durch das kantonale Berufsbildungsamt (nur bei Lehrlingsplatz)

Zubereitung

1. Erarbeiten Sie ein Ausbildungskonzept inkl. dem notwendigen Budget.

2. Beantragen Sie die Zulassung als Ausbildungsbetrieb.

3. Schaffen Sie die Voraussetzungen für einen oder mehrere Praktikums- oder Ausbildungsplätze.

4. Nehmen Sie Kontakt mit einer auf die Vermittlung von Praktikanten oder Auszubildenden spezialisierten Organisation auf.

5. Tue Gutes und sprich darüber! (Mitarbeiterzeitschrift, Kundenzeitschrift, Firmenwebsite).

Tipp

- Prüfen Sie das Angebot der Stiftung Chance www.chance.ch
- Starten Sie mit Praktikanten und bieten Sie guten Kandidaten die Chance auf eine Lehrstelle.
- Halten Sie durch, auch wenn es zwischendurch mal schwieriger wird – es lohnt sich!

Bewertung
Planung ○○○○
Umsetzung ○○○○○
Kosten ○○○○○

Die zweite Chance — 169

Schindler: Mit der Jugend gemeinsam hoch hinaus

Die Schindler Group hat ihren Hauptsitz in Ebikon bei Luzern und beschäftigt weltweit über 66 000 Mitarbeitende. In der Schweiz bildet sie über 300 Lernende aus.

Seit wann engagiert sich Schindler für die Ausbildung von Lernenden?
Für Schindler waren Lernende schon seit der Gründung 1874 ein Thema. 1943 wurde dann die erste Lehrlingsvereinigung gegründet, und seither sind die jungen Nachwuchskräfte von Schindler nicht mehr weg zu denken. Unser Angebot wuchs stetig, bis wir heute eine kleine Berufswelt aufgebaut haben.

Wie engagiert sich Schindler konkret?
Unsere zehn Lehrberufe decken praktisch die ganze Bandbreite ab. Von der Werkstatt bis hin zu den ICT-Berufen. Die Jugendlichen haben bei uns die Möglichkeit, eine praxisorientierte Lehre zu absolvieren.
Nebst den Lehrstellen bieten wir auch Praktikumsplätze und Teilzeitstellen für Studierende an. Mit dem sogenannten «Next-Generation-Programm» haben gymnasiale Maturanden die Chance, ein Praktikum vor Studiumsbeginn zu absolvieren oder berufsbegleitend zu studieren.
Ein kleiner, aber wichtiger Teil ist ebenfalls die Integrationsausbildung. Damit sich Flüchtlinge optimal im Land integrieren können, brauchen sie Zugang zur Arbeitswelt. Mit unserem Programm ist dies möglich. Zudem bieten wir Arbeitsplätze für Menschen mit körperlicher, psychischer oder geistiger Beeinträchtigung an.

Was empfehlen Sie Unternehmen, die sich für Jugendliche engagieren möchten?
Ich empfehle, dass sie zunächst für sechs Monate einen Praktikumsplatz für einen Jugendlichen schaffen. Hierfür benötigen sie intern eine Betreuungsperson, die Freude und Zeit für diese Aufgabe hat und viel Verständnis für Jugendliche mitbringt. Wichtig ist, dass diese Person (und nicht ihre Vorgesetzte) den zukünftigen Praktikanten aus einer Gruppe von Kandidaten auswählen darf. Zudem rate ich, nur dann eine Stelle anzubieten, wenn auch entsprechend Arbeit zu vergeben ist. Treten Schwierigkeiten auf, sollte man möglichst rasch das Gespräch mit der jungen Arbeitskraft suchen.

Gibt es auch wirtschaftliche Vorteile eines solchen Engagements?
Ja, ganz bestimmt. Es ist aber nicht immer ganz einfach, die Balance zwischen Wirtschaftlichkeit und sozialem Engagement zu finden. In den folgenden vier Bereichen erleben wir, dass sich unser Engagement auch wirtschaftlich auszahlt:

1. Wir können den Nachwuchs gewisser Berufe bei Schindler nachhaltig sichern. Vor allem bei handwerklichen Berufen wie Polymechanikern, Anlagen- und Apparatebauern, Logistikern oder Aufzugsmonteuren schätzen wir, wenn sie diesen Beruf über längere Zeit ausüben und unserem Unternehmen treu bleiben.
2. Offensichtlich beeinflusst ein soziales Engagement die Kaufentscheidung bei gewissen Unternehmen, denn bei Projektausschreibungen in der Schweiz werden wir oft gefragt, wie stark wir uns für Jugendliche engagieren.
3. Unser Engagement wirkt sich positiv auf die Arbeitgebermarke Schindler aus. Dies hilft auf dem ausgetrockneten Arbeitsmarkt, gute Leute zu gewinnen.
4. Als Unternehmen wollen wir unseren Teil dazu beitragen, die anstehenden gesellschaftlichen Probleme sinnvoll zu lösen und die damit verbundenen Kosten zu tragen. Die Integration von jungen Menschen in das Berufsleben ist etwas vom Sinnvollsten, was man tun kann.

Wie blicken Sie auf die Covid-19-Zeit zurück (2020/2021)?
Für uns war der Beginn eine Herausforderung. Wir konnten nicht alle Lernenden nach Hause schicken, denn nicht jeder Lehrberuf eignet sich fürs Homeoffice. Bei jenen, welche im Homeoffice arbeiten konnten, mussten wir gut hinschauen, dass sie nicht zu fest isoliert und ohne soziale Interaktion arbeiteten.
Events konnten wir keine mehr durchführen, deswegen stiegen wir auf Online-Veranstaltungen um. So hatten die Jugendlichen nach wie vor die Möglichkeit, unsere Berufswelt kennenzulernen. Rückblickend war es eine turbulente Zeit, welche wir als Schindler Berufsbildung jedoch mit Bravour gemeistert haben.

Bruno Wicki, Leiter Schindler Berufsbildung in Ebikon

Praxisbericht «Die zweite Chance»

Schnellauswahl

Günstig
260 Fragen	24
Der interne Bewerber hat Vorrang	28
Mitarbeitende als Testkunden	32
Remote Coffee Calls	42
Fitness-Challenge	46
Zuhören und nicht werten	128
Post für sich selbst	136
Walk the Talk	140

Rasch umgesetzt
Lunch-Lotterie	12
Erinnerungen tragen das Leben	34
Sparringspartner in beruflichen Fragen	72
Start-Stop-Continue	96
Den Kunden überraschen	102
TED-Lunch-Salon	124
«Lead by Example»-Award	130
Positive Psychologie	142

Exklusiv
Feel-Good-Manager	10
Kunst im Büro	40
Wenn der Chef zum Barista wird	54
Der Firma ein Gesicht schenken	86
Ein authentischer Firmenauftritt	94
Das Firmenmotto im Grossformat	98
20% pure Leidenschaft	126
Der digitale Karriereberater	132
Vaterschaftsurlaub	150
Horizontal und vertikal naturverbunden	164

Mit Mut und Vertrauen
Das Team wählt den Chef	52
Die Seite wechseln	58
Feedbackspaziergang	60
Mehr Demokratie im Unternehmen	62
Lohntransparenz	64
Feedback mal anders	68
Einheitsgehalt	74

Die eigene Aufgabe selbst bestimmen 76
Wenn sich der Chef bei Kandidaten bewirbt 78
Geschäftsleitungsprotokolle für alle 84
Unternehmertum dank mehr Transparenz 116
Die zweite Chance 168

Besonders nachhaltig
Werteübereinstimmung versus Fachwissen 18
Leidenschaft Qualität 44
Life-Balance-Bonus 70
Kenne deinen Kunden 118
Nachhaltig wachsen 138
Haupt- mit Nebenjob 144
Wildbiene sucht Partner 156
Nachhaltiger Energiehaushalt 160
Kombinierte Mobilität 166

Informativ
CEO-Update 50
Jeder ein Kolumnist 82
Erfolgsgeschichten teilen 88
Visionboard 106
Kundenreaktionen publik machen 110
Vom Kunden lernen 146

Mit Spass
Online-Teamevents 16
Zum Jubiläum ein Video 26
Adventsfenster selbst gemacht 30
Teamevent-Challenge 36
Ein Eis für die Nachbarschaft 158

Gemeinsam
Jeder Schritt zählt 20
Sharing is Caring 92
Im gleichen Takt 104
Gemeinsam Gutes tun 108
Wisdom of the Crowd 120
Jeder hat etwas zu bieten 152
Generation 50+ 154

Zu den Autoren

Sunnie J. Groeneveld

Dr. h.c. Sunnie J. Groeneveld ist Managing Partnerin der von ihr mitgegründeten Beratungsfirma Inspire 925 (www.inspire925.com), welche Firmen bei Fragen zu Organisationskultur, Innovation und digitaler Transformation begleitet. Sie ist ebenfalls Verwaltungsrätin von mehreren mittelgrossen Schweizer Unternehmen und Studiengangsleiterin des Executive MBA Digital Leadership an der Hochschule für Wirtschaft Zürich (HWZ). Zuvor war sie die erste Geschäftsführerin von digitalswitzerland, der grössten industrieübergreifenden Standortinitiative der Schweiz zur digitalen Transformation. Sie wurde mehrfach als eine der Jüngsten zu den «Top 100 Women in Business» gezählt und von der Handelszeitung als eine der «Top 50 Who is Who in Digital Switzerland» ausgezeichnet. Sie studierte Wirtschaft an der Yale University und erhielt von der International University in Geneva den Ehrendoktortitel für ihre Verdienste im Aufbau nachhaltiger Geschäftsmodelle und Transformationsprojekte.

«2018 befragte ich zusammen mit dem Verband Swiss Leaders (ehemals Schweizer Kader Organisation) 300 Führungskräfte aus allen Branchen im Rahmen des Projektes ‹Leadership – the Swiss Way› über jene Führungseigenschaften, welche in Zukunft wichtiger werden. Fazit: Es braucht mehr Mut, Flexibilität, Begeisterungsfähigkeit und Inspiration.

Das deckt sich auch mit meiner Erfahrung als Verwaltungsrätin von mehreren mittelständischen Schweizer Unternehmen. Wenn sich auch alle Organisationen in ihren strategischen Zielen unterscheiden, so ist ihnen doch gemeinsam, dass sie zurzeit eine digitale Transformation durchlaufen. Inwiefern diese gelingen wird, hängt nicht nur von der jeweiligen Strategie und der Unternehmensführung ab, sondern ganz massgeblich auch von der Unternehmenskultur.

Ich habe dieses Buch geschrieben, weil ich glaube, dass jeder von uns einen Beitrag an die Unternehmenskultur leisten kann – ganz gleich ob Praktikant, Fachspezialist, Teamleiter, CEO oder Verwaltungsrätin. Deswegen haben wir die Ideen in diesem auch wunderbar vielfältig auswählen können: Während manche Rezepte zu einem grundlegenden strategischen Wandel anleiten, führen andere in zarten, kleinen Schritten zur positiven Veränderung. Jeden Tag kann jede Mitarbeitende im Unternehmen sich von Neuem dafür entscheiden, etwas für eine starke Unternehmenskultur zu tun und so zum langfristigen Erfolg des Unternehmens beizutragen. Wir müssen es nur in die Hand nehmen und aktiv umsetzen.

Ich widme dieses Buch zwei Menschen, die genau das tun und mich immer wieder von Neuem inspirieren: meiner geliebten Mutter Rita und meinem Bruder und Geschäftspartner Lyle.»

Christoph Küffer

Christoph Küffer studierte Betriebswirtschaft an der Universität Zürich und war über zwanzig Jahre in leitender Position im Personalmanagement im In- und Ausland tätig. Mit vierzig Jahren entschied er sich bewusst für die Selbstständigkeit und unterstützte und begleitete Firmen im Auf- und Ausbau der Personalfunktion. Seit 2014 ist er Gründungspartner der Spot Coaching AG, die Fach- und Führungskräften ein kurzfristig vereinbartes Gespräch mit einem professionellen Sparringspartner ermöglicht. Seit 2018 ist er CEO und Mitgründer der People-Analytix AG, welche mithilfe eines digitalen Karriereberaters Mitarbeitende in der persönlichen Entwicklung digital unterstützt. Christoph Küffer ist Initiant und Mitautor des ersten Buches der BetterBoss-Reihe: BetterBoss – 66 Rezepte für mehr Wertschätzung und Freude am Arbeitsplatz.

«In meinen bisherigen Berufsleben durfte ich in verschiedenen Unternehmen den Unterschied zwischen engagierten und inspirierten sowie zurückhaltenden und eher gleichgültigen Mitarbeitenden erfahren. Und oft liegt der Unterschied nicht in der Person selbst, sondern im Umgang und in deren Einbezug im Berufsalltag.

Ich möchte mit diesem Buch Möglichkeiten aufzeigen, wie wir alle in der heutigen Arbeitswelt mit mehr Freude, Leidenschaft und Engagement tätig sein können. Dies unserer Gesundheit zuliebe, aber auch zur Sicherung eines nachhaltigen Unternehmertums.

Ich widme dieses Buch meinen beiden Söhnen Jordi und Alejandro. Sie werden bald in die Arbeitswelt eintreten und ich bin überzeugt, dass sie einen Arbeitgeber wählen werden, der sie ernst nimmt, ihnen Vertrauen schenkt und ihnen die notwendige Unterstützung gibt, ganz nach Inspired at Work und BetterBoss.»

Unser Dank

Wir danken allen, die uns in der Umsetzung dieses Buches geholfen haben: allen Organisationen, die mit einem Praxisbericht unser Buch bereichern, namentlich Manuel Portmann (Holcim), Myrta Barell (SwissRe), Roman Hirsbrunner (Jung von Matt LIMMAT), Michael Bodekaer (Labster), Linda Kozlowski (Evernote, 2014), Gabriela Keller (Ergon Informatik), Florian Schrodt (VBZ), David Reichenau (PostFinance VNTR), Jonathan Wolske (Zappos Insights, 2014), Peter Affentranger (Mobility Genossenschaft), Ambros Scope (Zurich), Matthias Henze (Jimdo), Gian Cavigelli (EKZ) und Bruno Wicki (Schindler). Ebenfalls danken wir Jason Korman, Laura Viberti und David Essman von Gapingvoid für das Design und dem gesamten Team des Versus Verlags für die grossartige Zusammenarbeit. Ein ganz besonderer Dank gilt unseren Familien, Freunden, Kollegen und Gleichgesinnten für den Ansporn.

Weitere Rezepte von BetterBoss:

Katinka Gyomlay · Christoph Küffer · Regina Regenass

BetterBoss

Einfach nach Rezept

66 Ideen für mehr Wertschätzung und Freude am Arbeitsplatz

ISBN 978-3-03909-129-4
176 Seiten · Spiralbindung
Fr. 34.–/Euro 28.90